Reggio Tutta

D1923173

Reggio Tutta

Reggio Tutta

Wie Kinder ihre Stadt ko-konstruieren

Kinder sind die besten Bewerter und sensibelsten Kenner des Werts und Nutzens von Kreativität. Das ist so, weil sie das Privileg haben, nicht zu sehr an ihren eigenen Ideen zu hängen, da sie ständig konstruieren und erfinden. Sie forschen gern, machen Entdeckungen, verändern ihre Sichtweisen und verlieben sich in Formen oder Meinungen, die sich von selbst bilden.

Loris Malaguzzi
Die hundert Sprachen der Kinder

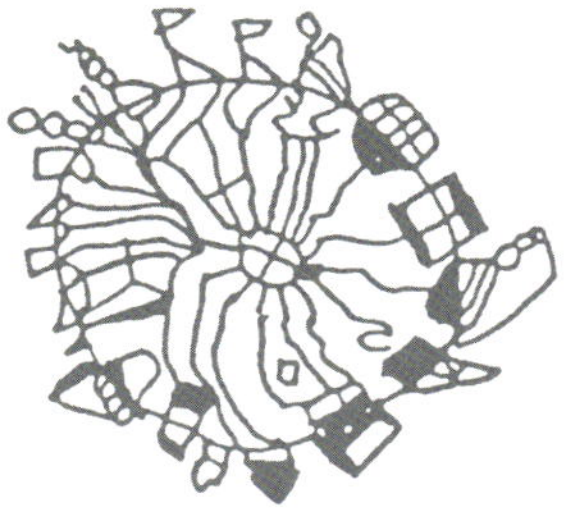

Una guida dei bambini alla citta
Alle Rechte vorbehalten
Originalausgabe © 2000 Comune di Reggio Emilia
Das Werk und alle seine Teile sind urheberrechtlich geschützt. Jede Verwertung außerhalb der Grenzen des Urheberrechtsgesetzes ist ohne Zustimmung des Verlages nicht zulässig und strafbar. Das gilt insbesondere für Vervielfältigungen, Übersetzungen, Mikroverfilmungen und die Einspeicherung und Verarbeitung in elektronischen Systemen.
Weitere Informationen finden Sie unter:
www. reggiochildren.it

ISBN 978-3-937785-54-7
© für die deutschsprachige Ausgabe
verlag das netz, Weimar · Berlin 2012
Übersetzung: Claudia von Zglinicki
Lektorat: Erika Berthold
Gestaltung: Jens Klennert, Tania Miguez
Druck und Bindung: Druckhaus Gera
Printed in Germany
Weitere Informationen finden Sie unter:
www.verlagdasnetz.de

Reggio Tutta
Wie Kinder ihre Stadt ko-konstruieren

Herausgegeben von Mara Davoli, Gino Ferri

Pädagogische Beraterin Carla Rinaldi

Autoren des Stadtführers Kinder, Lehrer, Atelieristas, Pädagogen der städtischen Kindergärten und Krippen: Allende, Andersen, Anna Frank, XXV Aprile, Balducci, Girotondo, Gulliver, 8 Marzo, Michelangelo, Pablo Neruda, Villa San Giusto, Villetta und die Kindertagesstätten Bellelli und Peter Pan

Ursprüngliches Forschungsprojekt **Die Stadt: Bilder, Ideen und Theorien**

Projekt-Koordination Simona Bonilauri, Tiziana Filippini

Autoren Kinder, Lehrer, Atelieristas, Pädagogen der städtischen Kindergärten und Krippen: Allende, Andersen, Anna Frank, XXV Aprile, Balducci, Belvedere, Diana, Franchetti, Girotondo, Gulliver, Martiri Villa Sesso, 8 Marzo, Iqbal Masih, Michelangelo, Pablo Neruda, Prampolini, Robinson, Tondelli, Villa San Giusto, Villetta

Gestaltung und Grafikdesign Rolando Baldini, Vania Vecchi

Layout Gino Ferri

Fotos Alberto Bertolotti, Raffaella Bonetti, Daniela Casali, Lucia Colla, Marina Ferrari, Gino Ferri, Antonella Gaspari, Anna Orlandini, Mirella Ruozzi, Stefano Sturloni und Pädagogen der städtischen Kindergärten und Krippen

und von Vasco Ascolini (S. 131)
Giuseppe Codazzi (S. 66, 67)
Giuliano Ferrari (S. 50, 51, 72, 73, 90, 91)
William Ferrari (S. 38, 55, 67)
Luca Losi (S. 96)
Foto Elite (S. 34)
Image Bank (S. 28)

Texte Rolando Baldini, Marco Belpoliti, Simona Bonilauri, Jerome Bruner, Ermanno Cavazzoni, Mara Davoli, Gino Ferri, Tiziana Filippini, Sandra Piccinini, Carla Rinaldi, Antonella Spaggiari, Sergio Spaggiari, Vania Vecchi, Tullio Zini

Koordination Amelia Gambetti, Francesca Marastoni, Annamaria Mucchi

Titelzeichnung Chiara, 3 Jahre

Inhalt

Einleitung

Antonella Spaggiari

Bürgermeisterin von Reggio Emilia

Der Titel dieses Buches "Reggio Tutta" erfasst die Intuition, die Sensibilität und die natürliche Weisheit der Kinder ebenso wie ihre Fähigkeit, wichtige Dinge mit wenigen Worten zu sagen und komplette Zusammenhänge in einfachen Sätzen auszudrücken.

„Reggio Tutta" also, wobei „Tutta" (deutsch: ganz) nicht die Quantität, sondern die Qualität der Stadt meint. Eine komplette Stadt, gesehen, betrachtet und gelebt in ihrer Ganzheit, denn in diesem Stadtführer sind ihre Teile harmonisch zusammengefügt. Es ist eine Stadt, die aus den Menschen und Orten besteht, mit denen und an denen die Kinder leben: ihre Schulen und Häuser, ihre Großeltern und Freunde, Räume und Nischen, die schrittweise zu Orten ihrer Lebenserfahrungen werden, vertraute Wege, die Tatsachen, Menschen, Bilder und Erinnerungen heraufbeschwören, große und kleine, glückliche und traurige.

Als Thema wird die Stadt so wahrgenommen, tritt sie uns so entgegen, wie sie sich entwickelt, verändert und lebt – im Leben ihrer Bewohner, der Frauen und Männer, der Kinder und der älteren Menschen, die die Stadt bewohnen, sich in ihr bewegen, sie erkunden und gestalten, in ihr arbeiten und sie lieben.

Es ist eine wunderbare Botschaft an uns alle: den Charakter und das Wesen einer Stadt wie unsere fern von allen statistischen Daten oder Bewertungen zu erfassen und zu interpretieren, einer Stadt mit Traditionen, aber mehr noch mit Zielen und Zukunftsaussichten. Diese Faktoren gehören zu ihrer Geschichte, ihrer Realität und ihren Menschen, die die Stadt gestaltet haben und sie Tag für Tag zu dem machen, was sie ist.

Unsere Stadt ist stark und zäh, Arbeit ist ein wichtiger Wert für ihre Bewohner. Es ist eine offene Stadt, die Besucher willkommen heißt und in der Gastfreundschaft tief verwurzelt ist. Eine sensible und kulturvolle Stadt, die den verschiedenen Ausdrucksformen der Kunst ihre Aufmerksamkeit widmet. Eine Stadt, die an ihre Zukunft glaubt, denn sie investiert viel in die Bildung der Kinder, der jungen Leute und in die Bevölkerung, die wächst und sich verändert, auch dank der Zuwanderung von Menschen – im vollen Bewusstsein der großen Herausforderung, die das für die Zukunft mit sich bringt.

Es ist eine moderne und fortschrittliche Stadt, die sich ständig darum bemüht, regional und national anerkannt zu sein. Eine Stadt, die über beides verfügt: über den Wunsch und über das Know-how, die Herausforderungen der Entwicklung zu bewältigen und zu sichern, dass die Qualität des Lebens und der Schutz der Umwelt garantiert sind. Eine Stadt, die auf ihre Aktivität setzt, auf ihre Dynamik und ihre Spezifik – in einem Netzwerk der Zusammenarbeit mit anderen Städten in der Nähe.

Reggio ist auch eine schöne Stadt, in der man so leben kann, wie jeder Bewohner an irgendeinem Ort es sich für seine Stadt wünscht, ein einmaliger Ort, wie es jede Stadt für ihre Bürger ist. In diesem Sinne können wir viel von den Kindern lernen, die den Stadtführer gestaltet haben und uns damit zeigen, wie wir unsere Stadt sehen und erfahren können. Ich denke, wir sollten uns wirklich von ihnen führen lassen, um „Reggio Tutta" zu erfahren und zu verstehen, genau so, wie sie es beschreiben.

(Anmerkung: „Reggio Tutta" nannte die dreijährige Chiara ihre Zeichnung, die auf der Titelseite des Buches abgebildet ist.)

Vorwort

Carla Rinaldi

Pädagogista, Präsidentin von Reggio Children

Wenn man uns fragte, warum wir uns dafür entschieden, Kinder im Alter von drei, vier und fünf Jahren anzuregen, über die Identität ihrer Stadt nachzudenken, würde es nicht reichen, ausschließlich auf die pädagogische Orientierung unserer Erfahrung (der Erfahrung der städtischen Krippen und Kindergärten) zu verweisen. Diese Motive sind sicherlich wichtig, denn sie führten uns dazu, die Sichtweise der Kinder darauf wahrzunehmen, wie das Leben in uns und um uns herum Form annimmt, was wir tun, um ihre und unsere gemeinsame Suche nach dem Sinn zu unterstützen. Doch solche Motive bekommen mehr Wert und Bedeutung, wenn sie mit der aktuellen Frage nach dem „Problem der Stadt" verbunden werden, von dem ausgehend wir wichtige Betrachtungen anstellen können. Zunehmend scheint es, als könnten wir die Stadt als eine Art Gleichzeitigkeit von Ereignissen definieren, als komplexes System von Beziehungen, die sich auf vielen Ebenen kreuzen, als kontinuierlichen Prozess der Veränderung der Realität, der nicht nur von einem multidisziplinären Ansatz her verstanden werden muss, sondern auch in Beziehung zur semiotischen Transformation, die die moderne Welt gegenwärtig durchmacht.

Die Stadt ist nach wie vor ein notwendiges und gleichzeitiges „In-Aktion-Setzen" aller Widersprüche. Wortwörtlich ist sie der gemeinsame Ort, an dem das Universum des Möglichen organisiert wird, ein Universum, das gleichzeitig Realität und Fiktion ist, wirkliche Welt und Märchen. Eine Stadt ist ein urbanes Territorium und ein Ganzes, gemacht von den Menschen, die sie bewohnen. Aber wie sieht die Beziehung zwischen der Stadt der Dinge und der Stadt der Menschen aus?

Welche Form nimmt die Beziehung zwischen *urbs* und *civitas* an? Viele Betrachter erklären, diese beiden Elemente hätten sich getrennt, und verurteilen die Vorherrschaft des Konzepts von der Stadt als „System von Dienstleistungen" über die klassische Idee von der Stadt als „System von Bedeutungen und Symbolen", also der Zivilisation. Was fehlen mag – und nach meiner Ansicht fehlt, besser: schwer zu interpretieren ist oder worauf man sich kaum einigen kann –, das ist eine „Philosophie" der Stadt. Dies erfordert neue Forschung, die nicht allein Stadtplanern, Verwaltern, Politikwissenschaftlern, Soziologen und Anthropologen überlassen werden sollte, sondern die nach der Bedeutung für alle sucht, also für die Gemeinschaft der Bürger.

Das ist der Kontext, in dem ich unseren Dialog mit den Kindern ansiedeln würde, die Bürger sind, nicht nur Bürger der Zukunft, sondern auch der Gegenwart, und Nutznießer wie Schöpfer der Lebenserfahrungen der Stadt. Die Kinder werden nicht gebeten, die Stadt zu „gestalten", denn das ist Aufgabe und Verantwortung Erwachsener, aber sie sind aufgefordert, sich an der Suche nach dem Sinn zu beteiligen, den wir unseren Städten geben wollen.

Die Erzählungen der Kinder eröffnen uns eine Idee von der Stadt, wahrgenommen als Beziehungsraum. Die Häuser „kommunizieren" nicht nur, sondern die Stadt wird grundsätzlich als ein Platz vieler Plätze gesehen, als ein Netzwerk möglicher Begegnungen, in denen Information und Kommunikation Form annehmen.

Die Kinder scheinen vollkommen fähig zu sein, den „urbanen Text" zu lesen, der sich vor ihren Augen entfaltet, ihn zu schätzen und kritisch zu sehen. Natürlich können sie ihn kommentieren, und das bedeutet, die Philologie der Stadt zu erfassen. Sie sagen uns klar, dass Menschen – und Kinder ebenso –, vereint in einem einzigen und untrennbaren Schicksal, nicht nur *in* der Stadt sind, sondern dass sie notwendigerweise die Stadt *sind*. Deren Häuser, Straßen und Gerüche sind ihre Gedanken, ihr Gewinn wie ihr Verlust, denn die Stadt verändert sich ständig – wie sie.

Die Kinder offerieren uns etwas Kostbares, nicht nur für das Wohnen in der Stadt, sondern das Leben allgemein betreffend: die Fähigkeit zu staunen. Nur das Staunen ermöglicht es, im Normalen und Alltäglichen Dinge wahrzunehmen, die die meisten von uns nicht sehen, weil wir an große Spektakel und kleine Trivialitäten gewöhnt sind. Nur das Staunen, ein grundlegendes Gefühl, das tiefe Reflexionen hervorruft, kann uns zum kritischen Denken führen, zum Urteilen, Verstehen und Erkennen. Nur das Staunen, eine schöpferische Qualität des menschlichen Denkens, die in der Beziehung der Kinder zur Welt stets präsent ist, kann in unserer Vorstellung aufrechterhalten, was die moderne Stadt *nicht* ist: „Stadt" ist die Idee der Stadt, aber auch ihre Negation.

Deshalb helfen uns die Kinder, uns mit den Paradoxen herumzuschlagen, mit den Widersprüchen und der Gewalt der Stadt, aber auch, ihre Harmonie und Poesie zu sehen. Die Stadt, die sowohl ihre als auch unsere ist, ist ein Ort im Prozess des Werdens. Weder sollten wir Widerstand gegen das Neue leisten – in dem Versuch, eine Welt zu erhalten, von der wir wissen, dass sie verschwinden wird – noch können wir in Betracht ziehen, irgendwo eine neue Welt aufzubauen, um die Stadt vor den Gefahren der modernen Gesellschaft zu schützen. Was wir tun können und in einem gewissen Sinne tun müssen, ist, dieser Entwicklung zusammen mit den Kindern Form zu geben. So haben wir hier einen Stadtführer, der auch als ein Führer zur Bedeutung, zu den Werten, Freuden und – weiter gefasst – zur Ethik des Wohnens in der Stadt betrachtet werden kann.

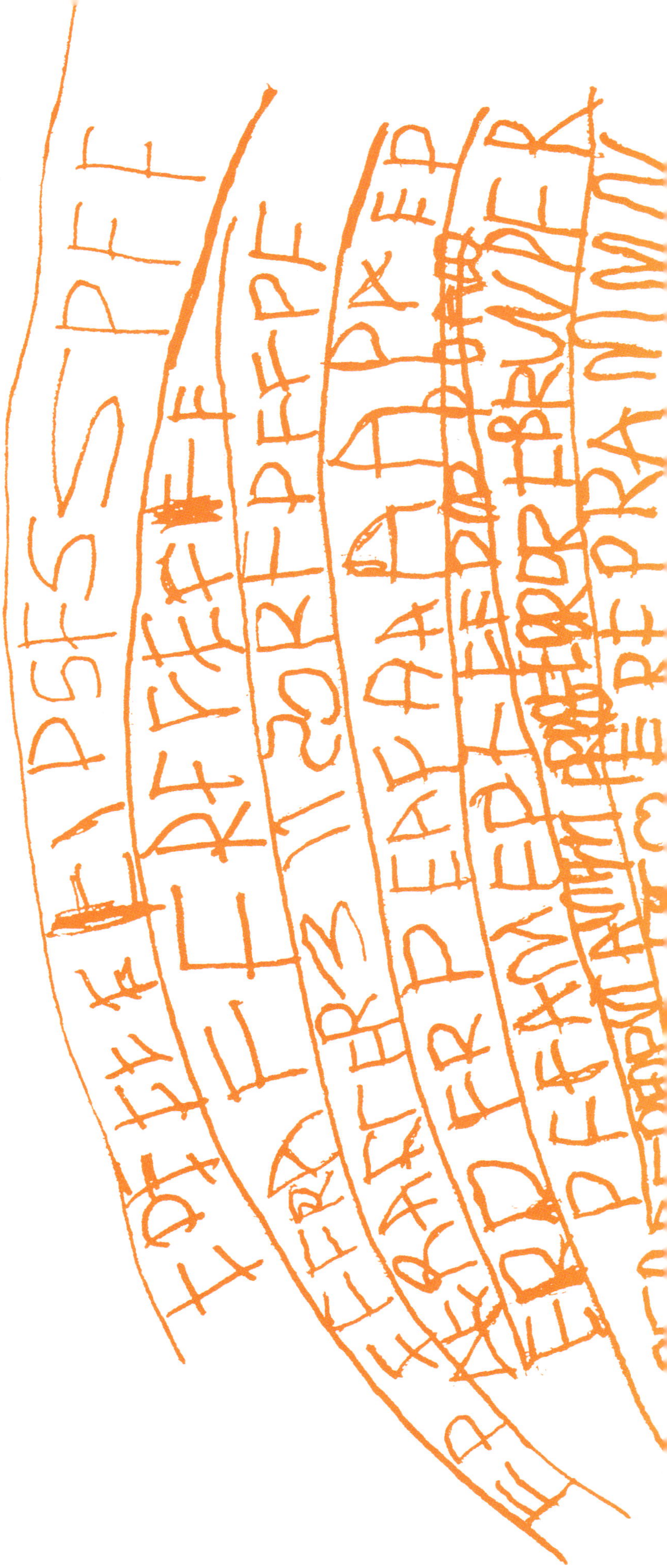

Verschwindende Städte

Simona Bonilauri und Tiziana Filippini

Pädagogistas im Koordinationsteam der städtischen Krippen und Kindergärten in Reggio Emilia

Eudoxias Teppich erlaubt uns, die wirkliche Form der Stadt zu betrachten: Jeder Platz in der Stadt stimmt mit einem Platz in Eudoxia überein, der Teppich stellt deren geometrische Struktur von Beziehungen und Proportionen ähnlich dar. Denjenigen, die in der Stadt leben und sich darin bewegen, erscheint sie völlig anders, formlos und verwirrend. Jeder Einwohner vergleicht sein Bild der Stadt mit dem Teppich und kann eine Antwort, kann die Geschichte seines Lebens, die Verschränkungen des Schicksals in den Arabesken des Teppichdesigns finden.

Die Metapher, die aus Italo Calvinos Roman stammt, verweist darauf, dass die „Regeln", nach denen ein Stadtplan zu zeichnen ist, nicht nur der Natur des Gegenstands entsprechen, sondern auch dem Auge des Betrachters. Diese Voraussetzung ist sowohl für Reggio Emilia als auch für Städte im allgemeinen Sinne sehr bedeutend.

Es mag immer schwierig gewesen sein, eine Stadt in Begriffe zu fassen, aber heute scheint es besonders schwer zu sein. Was eine Stadt sein könnte, ist eine verblüffende Frage, selbst für die Expertensicht eines Erwachsenen und nicht nur, wenn sie eine sofortige Definition erfordert, sondern auch, wenn sie die Natur des „Objekts" selbst einbezieht: gegenwärtig, fest, geschlossen und zugleich so ungreifbar.

Das urbane Phänomen, beladen mit Veränderung, Wachstum und Unordnung, ruft immer ein Gefühl des Verlustes und des Verlorenseins hervor. Welche Sprache wir auch zu nutzen versuchen, um seine Natur zu begreifen, sie scheint unangemessen und lückenhaft zu sein.

Obwohl die Stadt kein Objekt ist, das auf Codes reduziert werden kann, die sie darzustellen suchen, haben die Kinder Spaß daran, sie in den Brennpunkt zu rücken, sich den Wunsch des Dazugehörens zu erfüllen und eine konstruktive Beziehung zu ihrer eigenen Lebensumwelt zu entwickeln. Sie sprechen in Worten und Bildern über ihre Stadt, nutzen relativ unentdeckte und oft unterschätzte Formen, die Bertolt Brecht provokant so formulierte: „In der Stadt Niji trank ich, in der Stadt Ko redete ich, in der Stadt Len schlug ich die Zeit tot. So habe ich dir meine Beschreibung dieser Städte gegeben." Übrigens wird jeder von uns zugeben, dass eine Stadt zu bewohnen, in ihr zu leben und sich in ihr zu bewegen auch bedeutet, sie zu vergessen. „Reggio Tutta" ist tatsächlich keine verlässliche und präzise Definition: Reggio Emilia wird nicht exakt porträtiert, sondern die Geschichte der Stadt wird erzählt, mit den Bildern, Ideen und Theorien von Kindern, die die Stadt bewohnen, in ihr leben und sich in ihr bewegen.

Die Art der ko-konstruktivistischen Annäherung, die sich durch das Projekt zieht, versucht, für die Komplexität des Themas ebenso empfänglich zu sein wie für die Besonderheiten der Perspektive von Kindern. Es ist, als könnte die Stadt – entsprechend ihrer eigenen Natur, ihrer Entwicklungen und der Augen, die sich auf sie richten – nicht länger eine einzige räumliche, topografische, eingegrenzte Perspektive akzeptieren. Es ist, als fordere die Stadt eine mobilere, unbestimmtere Perspektive, die beziehungsreicher ist, die die Lebensweise der Kinder und das Verlangen der Stadt reflektiert, neu erfunden zu werden.

Diese Sichtweise führte uns dazu, nicht streng am verbalen Text festzuhalten, den wir während des Projektes zusammengetragen hatten, und stellte unsere eigene Perspektive in Frage. Wir waren überrascht vom kognitiven Raubzug der Kinder und ihrer Fähigkeit, sich von einer beschreibenden Ebene zur nächsten zu bewegen, doch immer bestimmte Grenzen einzuhalten, selbst wenn sie dabei für uns zu weit gingen.

Wir mussten uns mit einer Art von Bescheidenheit auseinandersetzen, der die Worte und Zeichen der Kinder gleichsam heilig sind. Unser Anliegen, sie nicht zu enttäuschen oder misszuverstehen, musste von unserer Verantwortung gedämpft werden, sie durch alle Wissens-„Leihgaben", die wir ihnen zur Verfügung stellen konnten, zu begleiten und dabei große Zurückhaltung zu wahren.

Es schien, als ob Raum und Zeit zum Zuhören die Erwachsenen zu Interpretationen befähigten, die sich am Ende des Projekts zu Bedeutungsschwerpunkten verdichteten, ausgehend von den Worten und Arbeiten der Kinder. Unser Ziel war nicht nur, eines oder mehrere Bilder aus ihren Worten abzuleiten, sondern auch auf mögliche Bedeutungen zu schließen, die von der Stadt weit entfernt zu sein schienen: eine Art Annäherung durch Entfernung, die der Stadt all ihre Vitalität und Energie zurückgeben könnte, für die Menschen sie gebaut hatten.

Am Ende unseres Projekts erkannten wir die Herausforderung, Umwelten zu entwerfen, die nicht nur für wirkungsvolle Veranstaltungen und Dienstleistungen genutzt werden können, sondern auch Raum für ihren politischen (spirituellen und symbolischen) Zweck lassen. Als unbestimmtes, unabgeschlossenes und unfertiges Objekt bietet die Stadt sich selbst und ihren Bewohnern das Privileg des höchsten Ausdrucks von Empfänglichkeit und Gastfreundschaft.

In „Reggio Tutta" scheinen die Aspekte, die für den Gegenstand am wichtigsten sind, sich von analytischen Einschränkungen und ausschließlich kognitiven Parametern befreit zu haben. Obwohl letztere immer noch eine Rolle spielen, sind sie in eine Vielzahl persönlicher, subjektiver und emotionaler Dimensionen integriert, die zur Identität des Kindes gehören. In einigen Abschnitten verschwindet die Stadt, denn die äußerst mobile Perspektive der Kinder bewegt sich von einem Punkt zum anderen, bis sie die immaterielle Erfahrung des Sich-Bewegens im Kreis, in Beziehungen und entlang der persönlichen Reiseroute erreicht.

Warum sollte man die Kinder nicht in diesem faszinierenden Schwingen zwischen der Materialität der Stadt und der Subjektivität ihrer Erfahrungen gewähren lassen? Außerdem: Über die Stadt zu sprechen heißt auch, etwas über uns selbst mitzuteilen.

Ein Stadtführer von Kindern: Gründe und Entscheidungen

Mara Davoli und Gino Ferri

Atelierista und Erzieher – Pablo-Neruda-Kindergarten

Es war eine verlockende Idee, Kinder zu bitten, Interpreten und Erzähler ihrer Stadt zu sein, indem wir ihnen vorschlugen, einen Stadtführer durch Reggio Emilia zu gestalten. Zugleich war das die natürliche Folge eines Projekts, in dem wir die Ideen, Hypothesen und Theorien der Kinder über die Stadt untersuchten. Das war kein einfaches Unternehmen. Die Erfahrung der Kinder mit der Stadt wurzelt in einem komplexen Netz von Bezügen, die eng miteinander verbunden sind und in dem die persönlichen Beziehungen und Erfahrungen dem Verständnis, den Geschichten und den Schöpfungen, die von einer starken autobiografischen Konnotation durchdrungen sind, Form geben.

Zunächst baten wir die Kinder, über ihre Bilder von Städten im Allgemeinen nachzudenken und mögliche Definitionen, Ursprünge, Formen und Grenzen zu diskutieren. Dabei sprachen wir auch über die eigene Stadt, obwohl sie irgendwie verschwommen im Hintergrund zu bleiben schien. Im Lauf des Projektes veränderte sich beides: die Sicht der Kinder auf Reggio und die Geschichten, die sie erzählten. Als die Kinder die Aufgabe von Interpreten der Stadt übernahmen und dadurch sensibel für die Gedanken anderer Menschen, für ihre möglichen Wünsche und Erwartungen wurden, veränderte sich ihr Standpunkt: Sie schlüpften jetzt in die Schuhe anderer Leute. Als sie sich an die Seite imaginärer Besucher stellten, nahm das Porträt der Stadt nach und nach Form an. Ein dichtes Gewebe aus sich kreuzenden Geschichten und Wegen entstand, das die Subjektivität der Perspektiven und Erfahrungen des Erzählers beibehielt. Dieses Porträt ist nur schwer auf den Seiten eines Buches wiederzugeben, denn jedes Fragment einer Geschichte, aus Gesprächen mit den Kindern stammend, rief andere Geschichten hervor, die aus persönlichen Erinnerungen erwuchsen.

Die Bilder vervielfachten sich, verwoben sich ineinander, wurden

neu zusammengesetzt und zeichneten verschiedene Identitäten der Stadt nach, die die Dimensionen der Zeit, des Raums und des täglichen Lebens enthielten.

Welches Bild von einem Stadtführer habt ihr?

Welche Bilder ruft das Wort „Stadtführer" in Kindern hervor? Was wissen sie über Stadtführer? Womit identifizieren sie sie? Das waren die ersten Fragen, die wir uns selbst und danach den Kindern stellten, in dem Gefühl, wir könnten von hieraus beginnen, einige mögliche und hypothetische Grenzen des Projektes zu umreißen. Von hieraus könnten wir die erste Arbeitshypothese formulieren, die uns erlauben würde, bekannte Wege zu erkunden und uns auf neues, unentdecktes Territorium zu wagen. Die Kinder schlugen viele Konzepte und Bilder zum Thema Stadtführer vor: *„Bücher und Hefte, Karten und Straßenpläne, die dir Anleitung geben, das Telefonbuch, Postkarten, Broschüren, Videobänder..."*

Manchmal wurde der Stadtführer auch als Person gesehen, die ihre Stadt gut kennt: *„Es ist eine Dame aus dem Land. Wenn holländische Leute kommen, brauchst du eine holländische Dame, die hier lebt und auch die Sprache spricht."* Außerdem kann jeder ein Führer in dem Ort sein, den er kennt: *„Ich war auch schon mal Stadtführer. Ich erzählte meinen Cousins, wie mein Kindergarten ist, und führte sie herum. Ich lief vor ihnen, denn der Führer kennt den Weg, den man gehen muss."*

Oder der Stadtführer als Objekt: *„Es ist etwas, das du in der Hand hältst... Reisebücher erzählen dir alles über einen Ort." „Ein Stadtführer ist dafür da, in der Stadt herumzugehen, er ist ein Buch mit einer Karte, um Reggio Emilia zu entdecken."*

Das ganze Spektrum von Meinungen und Möglichkeiten schien darauf zu verweisen, dass die Kinder Stadtführer als sinnvolle Hilfsmittel ansehen, um Wissen zu vermitteln und Neugier zu wecken, um sich zu informieren und genügend Vorschläge unterbreiten zu können, um die Türen zur persönlichen Erforschung der Stadt zu öffnen – voller Vorfreude auf die Überraschungen und Begegnungen mit dem, das anders und nicht alltäglich ist: *„...denn wenn jemand aus einer anderen Stadt nach Reggio kommt, muss er wissen, wie Reggio ist!" „Ich denke, viel lieber würde ich zu einem Ort reisen, der so weit entfernt ist, dass ich gar nichts darüber weiß, so dass es dann eine Überraschung ist."*

Die Kinder leben die Metapher vom persönlichen Stadtführer, der anderen Menschen etwas über den Ort sagen kann, an dem er lebt. Dazu gehört auch eine Einladung: *„Zuerst musst du dich vorstellen, du nennst deinen Vornamen und deinen Familiennamen. Du musst schreiben: Wir laden dich nach Reggio ein."* Tatsächlich, ein herzliches Willkommen, ergänzt durch eine Selbstdarstellung, scheint eines der Elemente zu sein, die die Qualität der Stadt ausmachen und Besucher motivieren können.

Ein ziemlich konstantes Anliegen, das die Reflexionen der Kinder in dieser frühen Phase der Arbeit deutlich charakterisiert, war die Frage, wie man sich an einem unbekannten Ort orientieren kann. Oft verwendeten die Kinder das Wort „Karte". Welche Bedeutungen geben sie einer Karte? Wie konstruieren sie ihre eigenen mentalen Landkarten? Und wenn man Reggio betrachtet: Wie viele unterschiedliche Karten von Reggio kann es geben?

Für die vier und fünf Jahre alten Kinder scheint ein Stadtplan im Stadtführer absolut unentbehrlich zu sein: *„Karten werden benutzt, um auf die Straße zu sehen und dann zu gehen. Sie sind der Startpunkt." „Eine Karte ist eine Art von Straße, die dich zu den Plätzen in der Stadt führt. Sie ist wie eine Straße, der du folgen musst, und dann musst du darauf gehen."*

Die Kinder entwickelten verschiedene Arten von Stadtplänen, nutzten Worte und Bilder. Es gab allgemeine Karten der Stadt, auf denen die Straßen die wichtigsten Elemente waren, entsprechend der Idee von Verbindung und Bewegung, die sie hervorriefen: *„Die Straßen sind wirklich lang, und sie sind alle miteinander verbunden; ein Stück der Straße ist immer mit dem anderen Stück verbunden."* Es gab auch Karten für „thematische" Routen wie der metaphorische Faden der Ariadne, um einen Weg durch die Stadt zu finden, die immer mehr Schichten herauszubilden schien, mit Motiven, Wünschen, Freuden und Notwendigkeiten verbunden: *„Du brauchst viele Karten: eine für die Kirchen, die Plätze, die Brunnen, die Bäckereien und Konditoreien, eine Karte für Geld, eine fürs Schlafen und eine fürs Tanzen, eine, um Leute zu treffen, eine Karte von Cafés und Bars und eine von den Schulen und dann eine von* *dem Ganzen. Du brauchst Karten von allem, denn es ist nicht gut, nur eine zu haben, eine ist nicht genug!“*

Worte allein schienen kein ausreichendes Medium zu sein: Spuren auf Papier zu hinterlassen war ein starker Wunsch der Kinder. Es war, als ob die Spur des Bleistifts, der über das Papier reist, ihnen hilft, sich zu fühlen, als würden sie sich bewegen, als ob der Stift innere Wege sichtbar machen kann.

Diese Spuren sind manchmal dicht und verknäult, manchmal extrem auf das Wesentliche konzentriert. Wir glauben jedoch, dass die Karten der Kinder immer außerordentlich exakt sind – wenn auch in einer Art von Exaktheit, die uns auffordert, unsere Erwachsenen-Standards zu verändern, die unsere Gedanken zwingt, nach anderen Referenzpunkten zu suchen. Das ist so, weil es Karten für alle Sinne sind, Karten, die über das Territorium sprechen und es zugleich enthalten: Orte von Beziehungen, Begegnungen, Gerüchen und Geräuschen, Orte von Lebensgeschichten. Es sind Erzählungen von Wegen, die die Bewegungen und die Pausen, also das Stillstehen der Kinder ausdrücken, aber auch ihre persönlichen Begegnungen. Sie zeichnen eine Geografie aus Straßen, Kreuzungen und Parkplätzen, aber auch eine menschliche Beziehungs-Geografie, die uns auf den

Gedanken bringt, dass die Objektivität der Straße nicht immer oder nicht notwendig mit der Subjektivität des Weges übereinstimmt.

Diese Art, Stadtpläne herzustellen, besteht aus Fragmenten persönlicher Geschichten, deren Interpretationsschwierigkeit mitunter bewusst und humorvoll von den Kindern unterstrichen wurde: *„Wenn du das noch nicht gesehen hast, ist es manchmal schwer. Einige Leute, die keine Italiener sind – ich weiß nicht, ob die das verstehen können. Vielleicht könnten wir auch eine Karte zum Verlaufen machen!“* Diese Dimension des Wunschs, anderen zu begegnen, konfrontiert die Kinder mit dem Problem der Methoden und Formen

der Kommunikation: *„Wir können auch in Englisch schreiben, sonst verstehen sie es nicht. Jeder spricht seine eigene Sprache. Wenn wir biblioteca (Bibliothek) schreiben und jemand aus Rom kommt, kann er es lesen, denn er ist Italiener, also versteht er es. Aber wenn ein Chinese kommt, kann er es nicht lesen.“ „Also können wir biblioteca in vielen Sprachen schreiben oder ein Buch zeichnen. Wenn du ein Bild zeichnest, verstehen sie das sicher!“*

Das synergetische Verwenden verschiedener Sprachen – von der geschriebenen bis zur ikonografischen Sprache, bestehend aus Zeichnungen, Symbolen, Postkarten, Karten und Fotos – ist ein Zeichen, das die Kinder uns geben, um das effektive und universale Verständnis des Inhalts und der Ziele zu sichern, die sie ihrem Stadtführer zuweisen.

Reggio Tutta – ein Stadtführer von Kindern

An dem Stadtführer arbeitete eine große Anzahl von Kindern zwischen drei und sechs Jahren – über lange Zeit und auf verschiedene Weise. Als die Arbeit Fortschritte machte, legten wir regelmäßig Pausen ein, um die gewaltige Menge an Material, die sich allmählich angesammelt hatte, zu lesen und zu interpretieren. An diesem Punkt erhob sich das Problem, eine Form und eine erzählerische Struktur zu finden, um die „Reisenotizen“ in Übereinstimmung mit den Bildern und der Idee vom Stadtführer zu bringen, die die

Kinder vorgeschlagen hatten: natürlich ein nützliches Werkzeug, aber auch eine Einladung für andere Menschen. Doch wie und wo sollten wir beginnen? *„Als erstes müssen wir ihnen sagen, wo die Grenzen der Stadt sind, und dann raten wir ihnen, loszugehen und sich alles anzuschauen, was sie wollen."* Aber wie können wir die Stadt eingrenzen, wenn – so sagte ein Kind – *„die Grenze wie Rauch ist"*? Eine Verbindung zwischen den einzelnen Elementen oder Teilen der Stadt und ihren Beziehungen zum Ganzen herzustellen, das wurde als wirklich schwierig, aber notwendig angesehen. Die Kinder skizzierten eine flexible, elastische Grenze, innerhalb derer sich nichtlineare Wege und Wellenbewegungen kreuzen, beginnend beim alten Stadtzentrum, die jedoch Exkursionen in die Vorstädte und die abgelegenen Gebiete der Stadt ermöglichen sollte.

Als Ausgangspunkt schlugen die Kinder das Stadtzentrum vor, das den zentralen Teil des Stadtführers ausmachen sollte. Ein symbolischer Ursprung? *„Das Zentrum ist wie das Zentrum der Welt."* Aber ebenso ist es ein Endpunkt, vielleicht ein Ort, an dem die gesammelten Geschichten und Erfahrungen zusammenfließen: *„In der Stadt gibt es zwei Anfänge, und in der Mitte, genau in der Mitte, ist das Ende."*

Die Kinder assoziierten das Stadtzentrum als Ort mit erkennbarer Identität, die Form und die Art betreffend, in der es bewohnt wird. Sie schienen uns sagen zu wollen, dass es eine sichtbare und lebendige Verbindung zwischen den Teilen gibt. Als sie sie beschrieben, benutzen sie Worte und Bilder, um die Beziehungen darzustellen, die die Teile zusammenhalten. Vielleicht ist das einer der Gründe, warum die Kinder diesem Teil der Stadt in ihren Erzählungen darüber den Vorzug gaben, obwohl die meisten außerhalb des Zentrums leben, obwohl die Peripherie der Ort ihres täglichen Lebens ist, da sich ihre Häuser und Schulen dort befinden. Dies ist ein wichtiger Ort, der nicht unterschätzt wird, aber vielleicht fanden die Kinder ihn – verglichen mit dem Zentrum – weniger attraktiv und schön für Besucher aus anderen Städten. Das Bild der Kontinuität, der zu Fuß erreichbaren Nähe und der ästhetischen Beziehung zwischen den Teilen, das wir in der Wahrnehmung der Kinder vom historischen Stadtzentrum erkannten, scheint seine Unmittelbarkeit in allem, was „außerhalb des Zentrums" liegt, zu verlieren.

Eine Art von getüpfelter Geografie schien zu entstehen, wie das Fell eines Leoparden. Es wirkt wie ein Verzeichnis der Plätze, die von ihrer speziellen Funktion, aber auch von ihrem symbolischen Wert her deutlich charakterisiert sind. Hier einige der vielen Beispiele, die die Kinder gaben: *„Wenn du Fußballspieler magst, kannst du zum Stadion gehen. Im Stadion setzt du dich hin und siehst dir das Spiel an, bis eine Mannschaft ein Tor schießt. Um ins Stadion zu gelangen, musst du einen weiten Weg zurücklegen. An einem bestimmten Punkt kommst du an ein Zeichen. Das Zeichen zeigt dir den Weg zum Stadion."* *„Du kannst zur Schwimmhalle oder zur Sporthalle gehen. Die Großen können Sport treiben: Volleyball, Basketball, Fußball und auch Baseball."* *„Auf dem Flugplatz stehen die Flugzeuge, aber es sind nur kleine Flugzeuge, und nur wenige Leute können darin mitfliegen."* *„Bei Ipercoop kann man viele Dinge kaufen, zum Essen und auch zum Spielen."* *„In Reggio gibt es einen Fluss mit Bäumen, den Crostolo. Du kannst über den Fluss gehen, denn es gibt eine Brücke."*

Welche Art von Beziehung zwischen dem Stadtrand, der auf diese Weise beschrieben wird, und dem Stadtzentrum wird sichtbar? Was für ein Gesamtbild von der Stadt kann auf diese Weise gezeichnet werden?

In einigen Gesprächen schlugen die Kinder vor, Orte außerhalb zu besuchen, die als eng mit der Stadt verbundene Teile verstanden wurden: *„Wenn sie das Reggio-Museum gesehen haben, können sie nach San Martino in Rio gehen, wo das Museum für alte Autos ist."* *„In der Nähe von Reggio ist Castelnuovo Monti mit dem Bismantova-Felsen. Du kannst schöne Spaziergänge im Wald machen, zum Beispiel zur Burg von Rossena."*

Es ist, als gäbe es die wirklichen Entfernungen nicht mehr: Das Bild, das die Kinder uns gaben, schien eine Art Kontinuum zu sein. Die Randgebiete, das Zentrum, die Umgebung wurden als Orte identifiziert, die – weil sie Teile eines lebendigen Netzes sind – eine erweiterte Idee von einer Stadt der multiplen Identitäten formen, die eng miteinander verbunden sind.

Schließlich eine letzte Überlegung: So, wie die Kinder ihre persönlichen Erfahrungen und Gefühle wiedergaben, schienen sie ganz allgemein eine Stadt zu beschreiben, die positiv, angenehm und einladend ist. *„Sieh mal, so sage ich es: Reggio ist da, wo ich meine Schule, mein Haus und meine Freunde habe."*

Elemente von Kritik schienen zu fehlen oder zumindest von den Kindern nicht aufgedeckt worden zu sein. Anfangs überraschte dieser Aspekt uns Erwachsene, die mit dem „Licht" und dem „Schatten" der Stadt leben.

Woher kommt dieser Mangel an Kritik? Was sind die möglichen Ursachen? Vielleicht sollten wir das Alter der Kinder berücksichtigen. Drei bis sechs Jahre – das ist ein Lebensalter, in dem das Erlebnis der Stadt von Erwachsenen begleitet und vermittelt wird. Was für einen Stadtführer, von verschiedenen Perspektiven aus gesehen und mit anderen Schwerpunkten, würden ältere Kinder oder Heranwachsende produzieren?

Vielleicht liegt der Grund für den Mangel an Kritik darin, dass die Stadt den Lebenskontext für kleine Kinder bildet, den Ort für die Beziehungen, die für ihre persönliche Erfahrung bedeutsam sind. Oder die Ursache liegt darin, dass die Herausforderung, Reggio anderen Menschen vorzustellen, ein warmes, einladendes Gefühl der Gastfreundschaft erzeugt, etwas, auf das die Kinder offenbar nicht verzichten können: *„Wenn sie herkommen, würde ich ihnen sagen: Geht und schaut euch alle anderen Orte in Italien an! Und dann werdet ihr feststellen, dass Reggio wirklich schön ist." „Und wenn sie sagen, dass Reggio hässlich ist, was machen wir dann?" „Sie können gehen, wohin sie wollen! Aber ich würde sie in mein Haus einladen, so dass sie sehen können, wie schön es ist. Und dann, wenn ich sie in meiner Stadt herumführe, würde ich ihnen die besten Sachen zeigen: den Park, die Tauben, die Gebäude... alles! Und dann die Bibliothek, die Statuen und die alten Dinge aus der Geschichte."*

Vielleicht liegt es vor allem daran, dass die Sicht der Kinder auf die Stadt optimistisch und voller Leben ist, offen für die Zukunft und zugleich fest in der Gegenwart verwurzelt. Ein Sinn für die Zukunft, der energisch fordert, dass man ihn wahrnimmt und mit ihm in Dialog tritt. Ein hartnäckiges Gefühl von Optimismus, das das Recht einfordert, Teil des Dialogs über die Gestaltung der Stadt, ihre Form und ihre Identität zu sein.

Eine Karte zum Verlorengehen

Die Menschen haben immer Städte gebaut, denn ohne Städte

muss jeder die ganze Zeit aufstehen und herumlaufen.

Italien ist das Ganze. Reggio ist nur ein Stück in der Mitte von Italien, denn Städte sind Stücke der Welt.

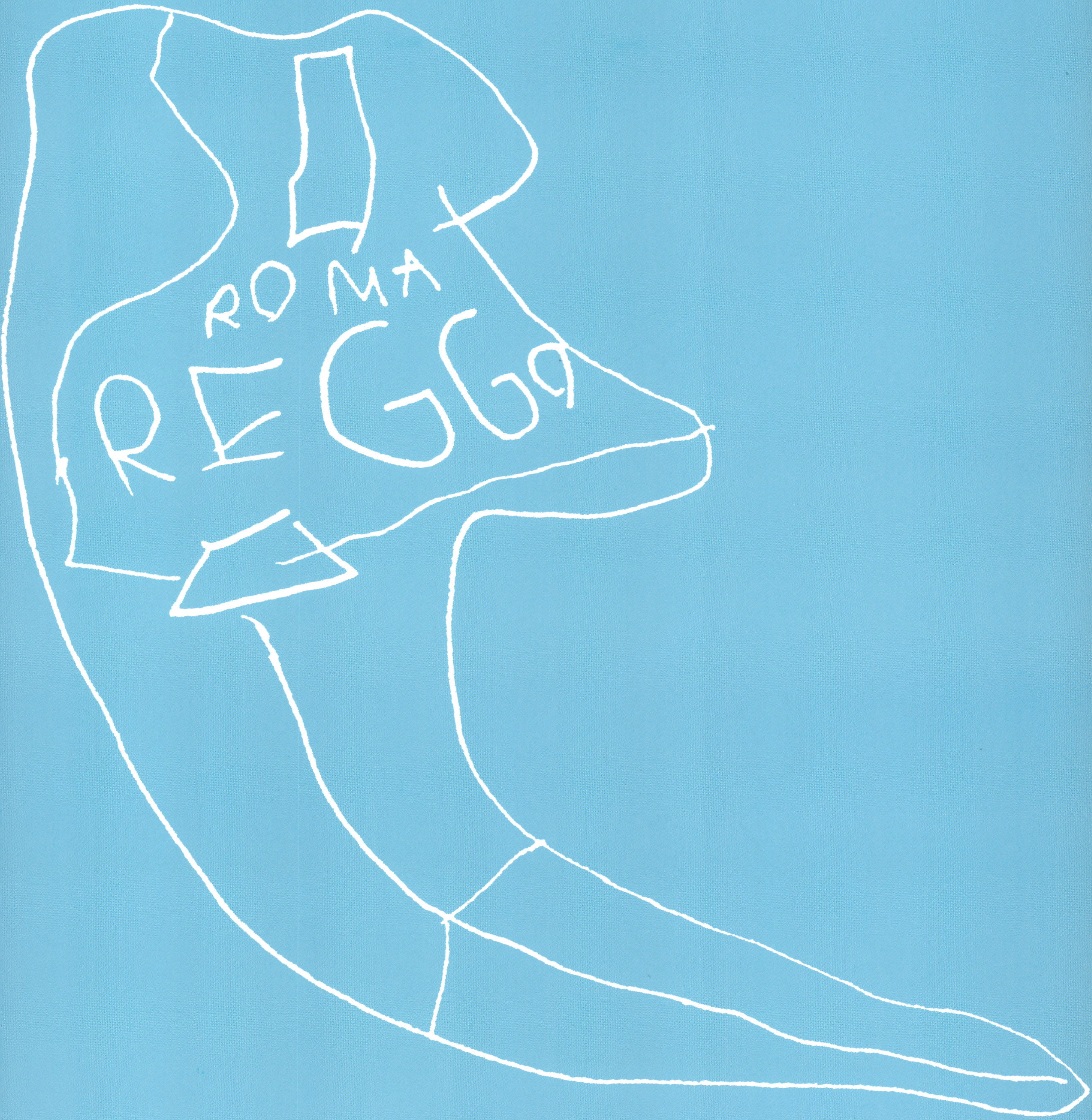
ROMA
REGGIO

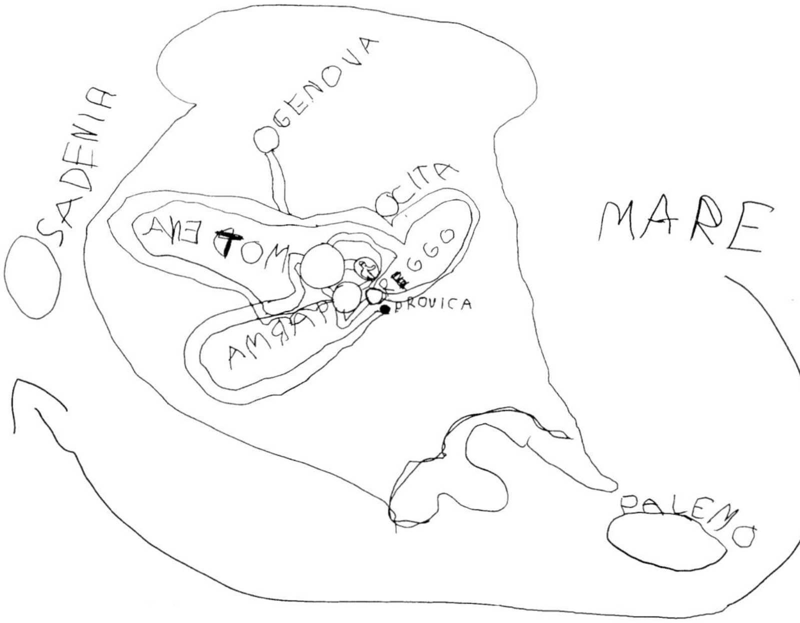
OSADENIA
GENOVA
OCITA
MARE
PROVICA
PALEMO

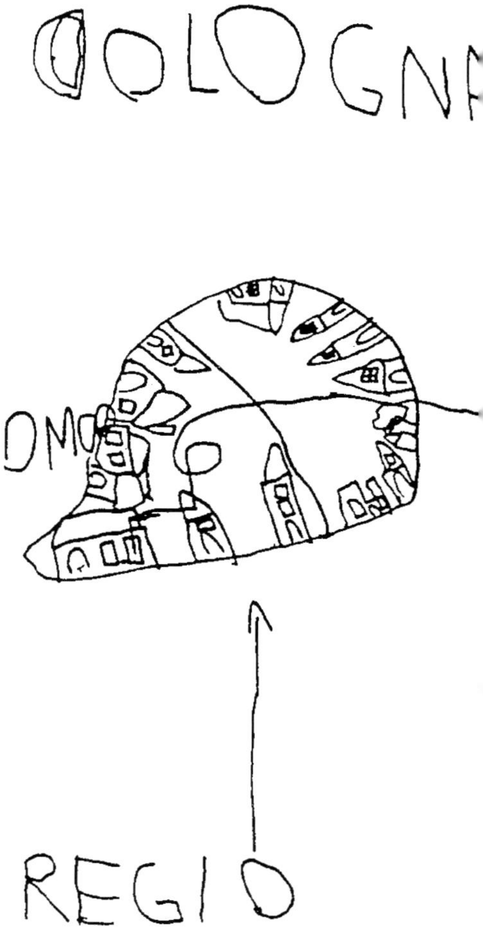
NOMO
REGIO

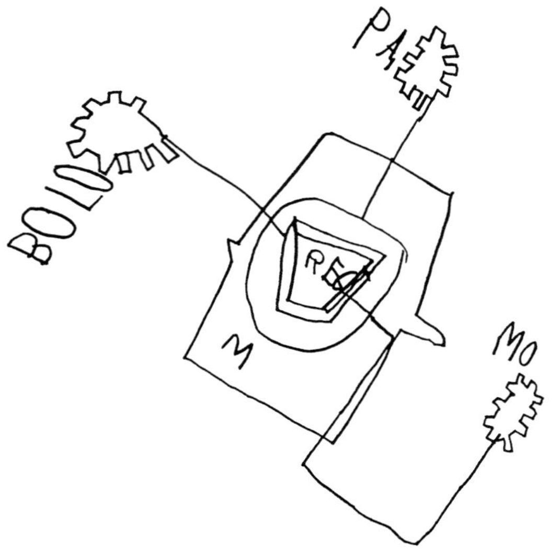
PA
BOLO
MO
M

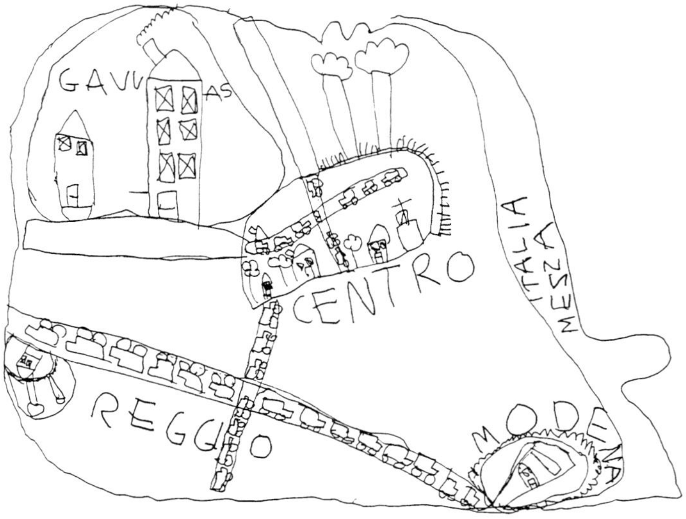
CENTRO
ITALIA MEZZA
REGGIO
MODENA

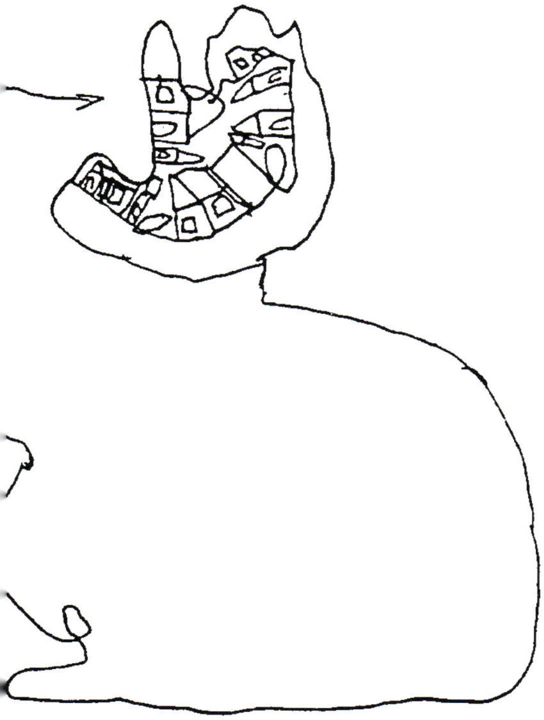

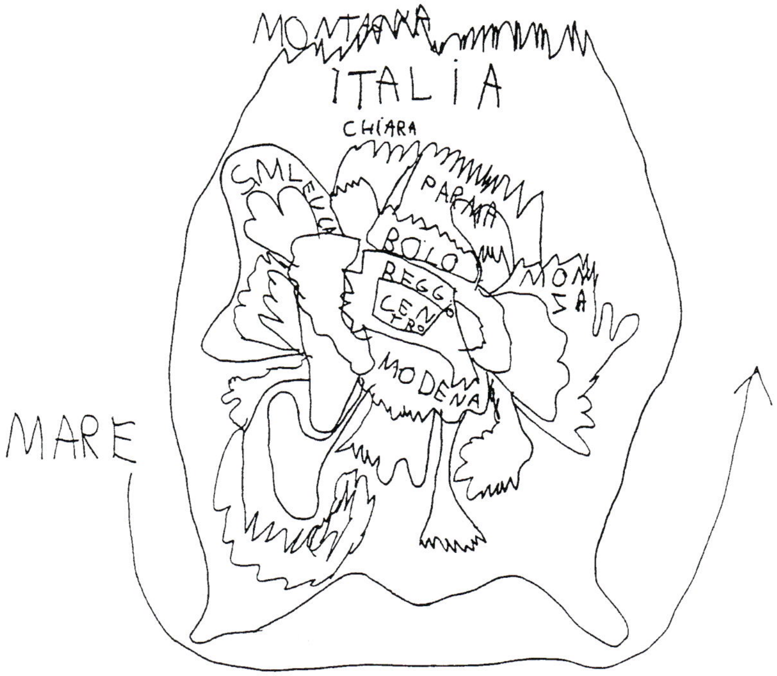

Rom und Italien sind ein Bild, das Bild eines Stiefels.
Es ist unser Land, das wie ein Stiefel geformt ist.
Das Land ist Italien. Es ist größer als die Städte, und in ihm sind alle Städte drin.
Es sind sicherlich drei Milliarden Städte!
Das Land ist auf der Erde... Es ist nur ein Land. Amerika zum Beispiel ist außerhalb von Italien, aber es ist noch auf der Erde.

Die Grenze

ist wie Rauch.

Reggio ist quadratisch, aber nicht genau...

Die Stadt ist ein „Sechs-Eck“, denn sie hat sechs Seiten. Sie ist wie ein Irrgarten: Es gibt Straßen, die enden hier, genau am Rand. Die Häuser kleben alle zusammen wie deine Hand und dein Handgelenk. Im Zentrum sind die Straßen eng, und die Häuser sind ziemlich hoch, wirklich hoch! Du kannst nur die Hälfte der Dächer sehen...
Du musst ganz nach oben schauen, um den Himmel zu sehen.
Wenn du in der Stadt herumläufst, siehst du den Himmel über dir nicht.
Die Straßen sind wie kleine Schlitze, wie ein Korridor zwischen den Häusern und Kirchen.
Wenn es keine Straßen gäbe, wäre alles verschlossen, alles ganz vollgestopft, und wenn du zur Stadt kommen würdest, könntest du nur außen herumgehen...

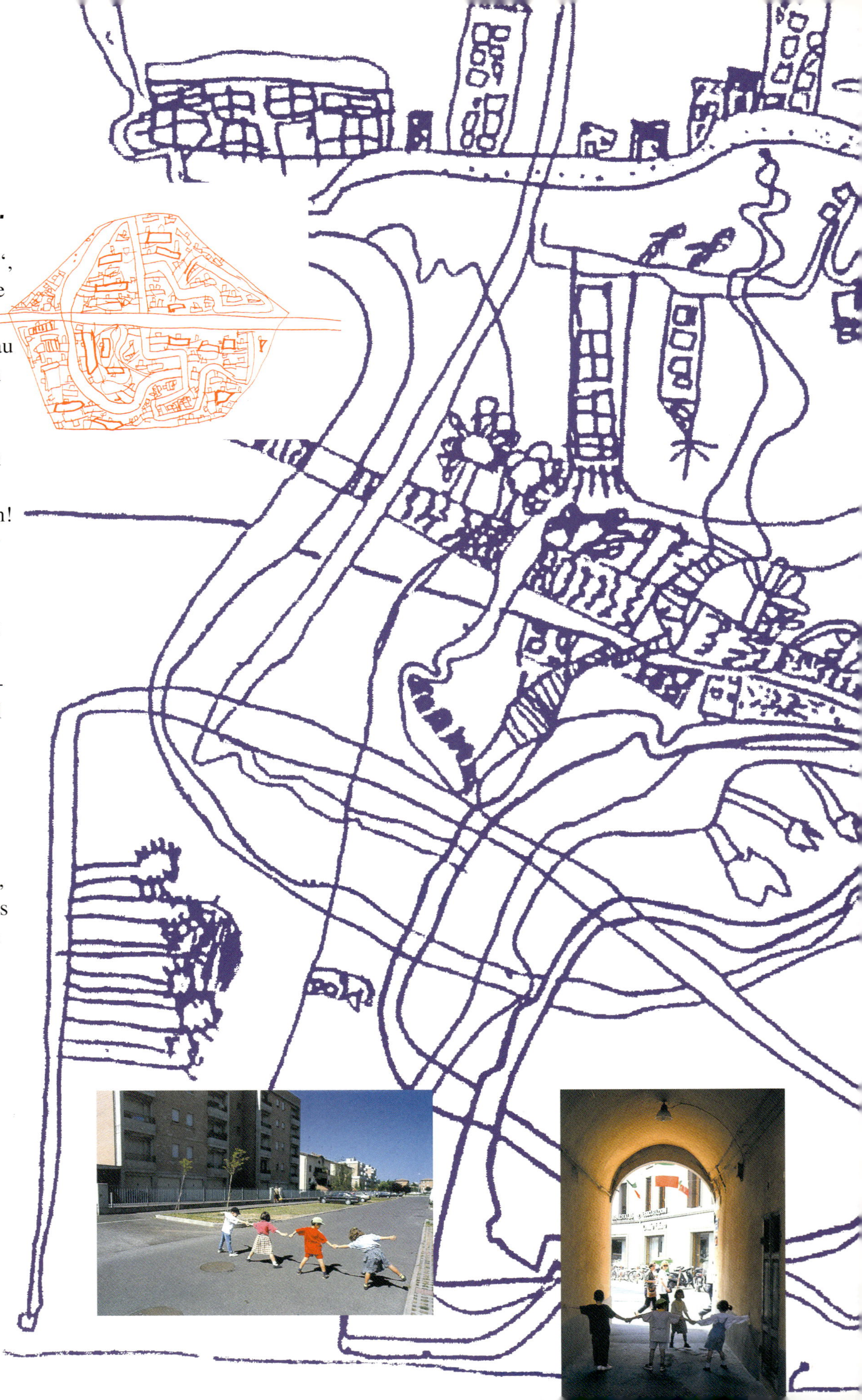

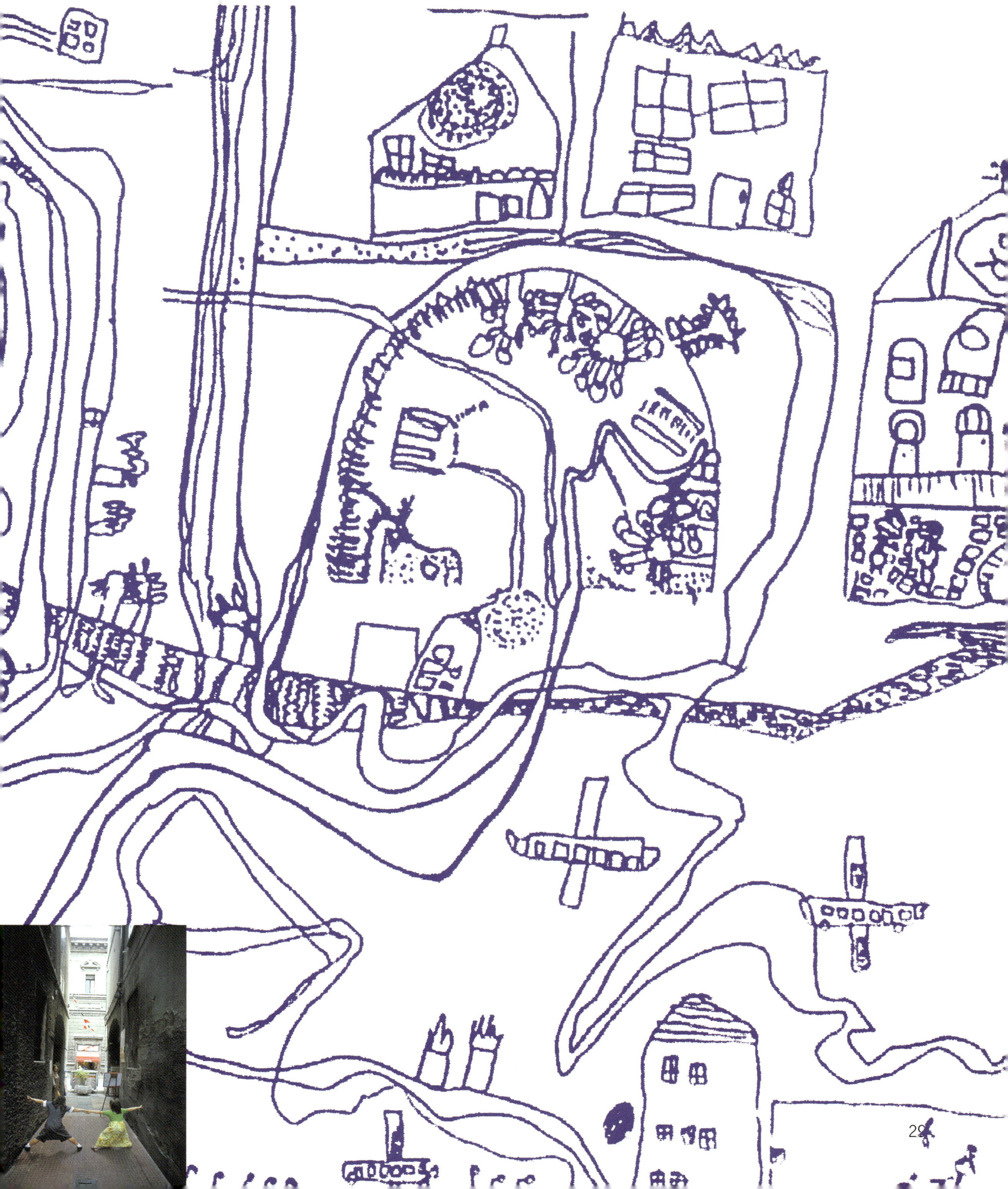

Es gibt Städte, in denen du dich verlaufen kannst.
Sie sind irgendwie dicht, aber nicht so, als ob es dunkel ist.
Du weißt, sie sind dicht wegen all der Häuser.

Reggio sieht aus wie ein Haus.

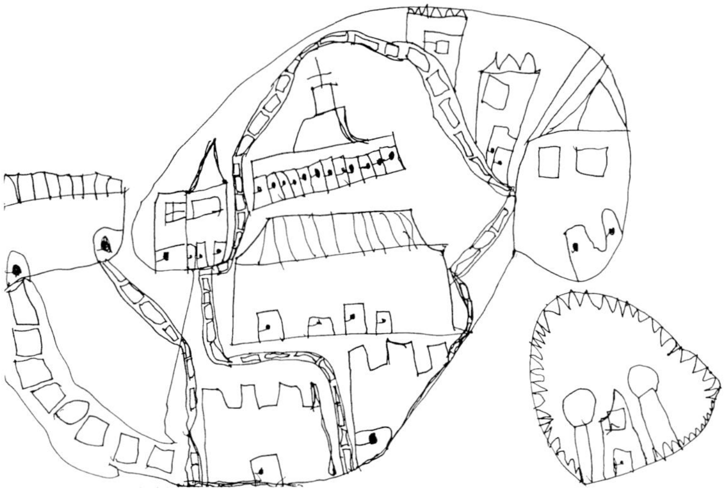

Reggio ist sicher nicht klein...
Es ist groß, nicht wahr?

Weißt du, wie viele Leute in Reggio leben?
Vierzig, fünfzig, siebzig und tausend!

Reggio sieht aus wie ein Schiff...
Es ist die Straße, die aussieht wie ein Schiff!

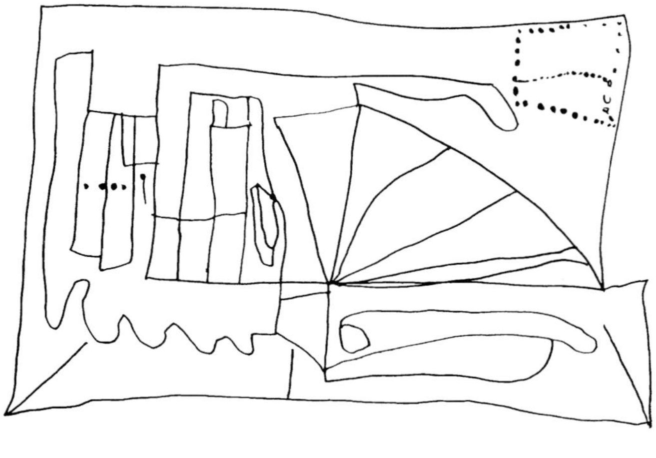

Reggio sieht aus wie ein Haus. Es hat Winkel und Ecken. An den Ecken können die Kinder spielen.

Das Zentrum ist kleiner und hat eine Form. Der äußere Teil hat eine andere Form, aber er ist größer.

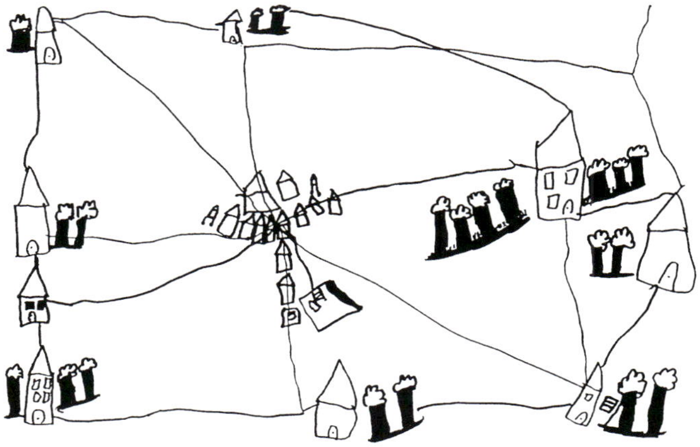

Reggio Emilia ist groß, weil so viele Häuser reinpassen, und deshalb können wir uns mit anderen Leuten anfreunden.

Wenn du die Stadt nicht kennst, kannst du eine Karte bekommen. Sie zeigt die Straßen, die Schilder und die Hauptstraßen, um einem Menschen zu helfen, der dort hingehen muss.
Auf der Karte musst du der Straße mit dem Finger folgen: rechts, links, dann ein bisschen weiter geradeaus, und dann bist du da.

Wenn du nach Reggio kommst, siehst du Schilder, die sagen „Piazza“. Wenn du das auswendig weißt, brauchst du die Schilder nicht.
Wenn du mit dem Auto kommst, parkst du, und dann gehst du geradeaus. Wenn du zwei Kreuzungen findest, gehst du nach rechts und dann nach links, und du bist auf der Piazza.
Nur Fahrräder und Motorräder können im Stadtzentrum fahren. Nur wenige Autos können dort fahren, weil die Straßen wirklich sehr eng sind.

Das Stadtzentrum

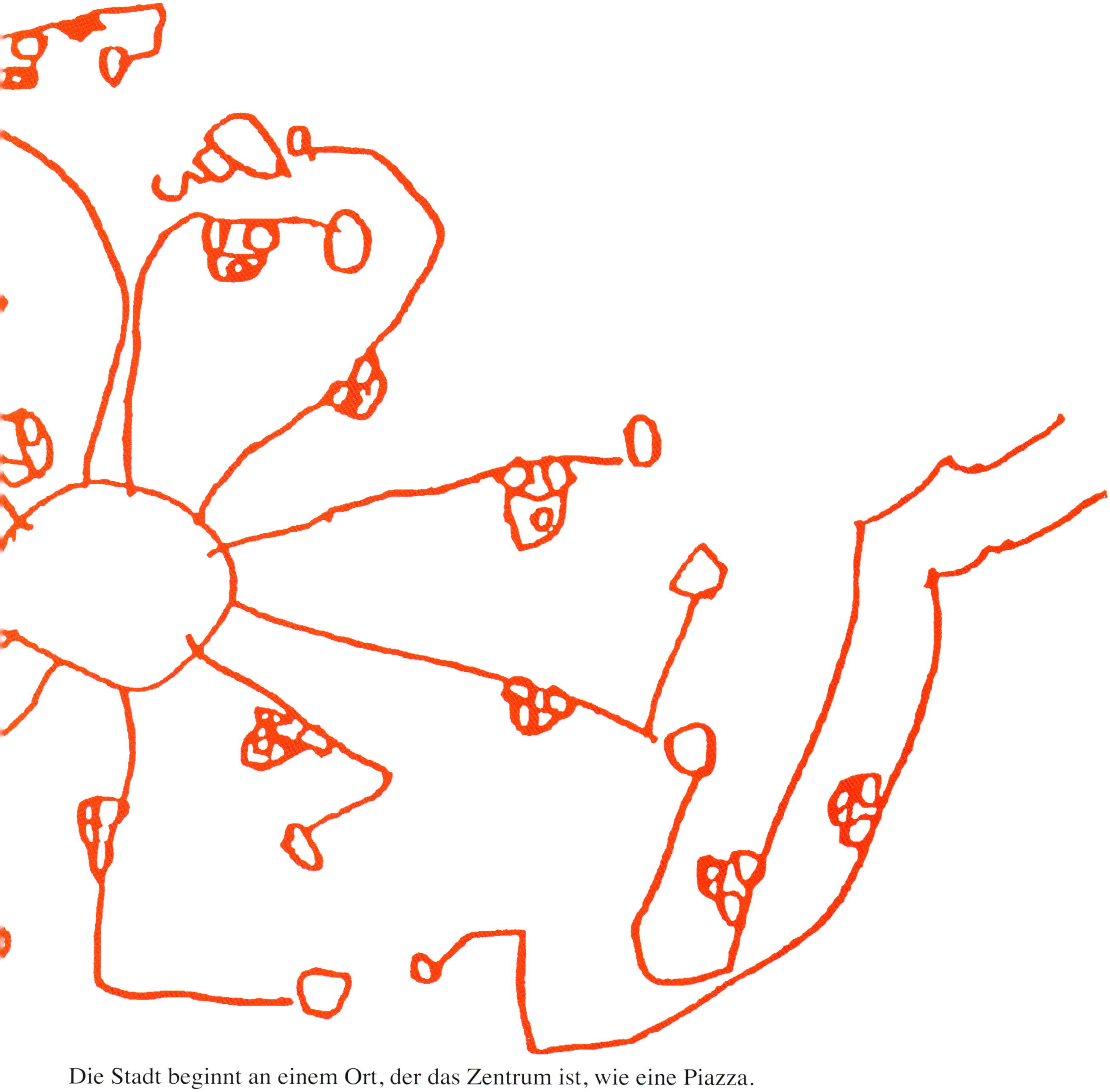

Die Stadt beginnt an einem Ort, der das Zentrum ist, wie eine Piazza. Die Straßen beginnen im Zentrum und laufen durch die ganze Stadt, in jede Richtung. So können die Leute entscheiden, wohin sie gehen wollen.

Das Zentrum ist wie das Zentrum der Welt, um das sich alles dreht.

Die Stadt hat zwei Anfänge, und in der Mitte, genau in der Mitte, ist das Ende.

Reggio ist klein, damit man darin herumgehen kann...

Reggio ist klein, damit man darin herumgehen kann...

Es gibt einen Brunnen.

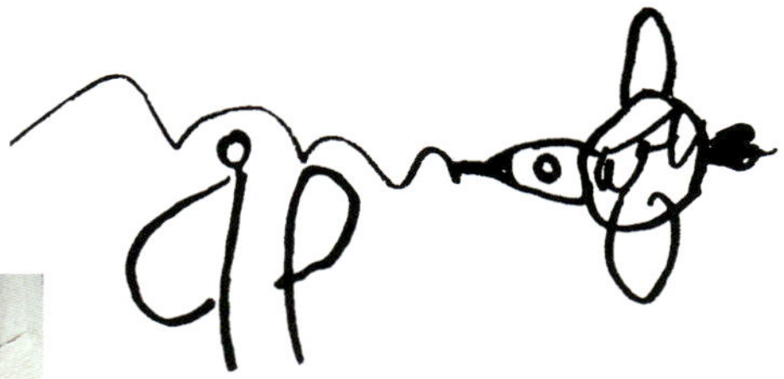

Das ist gleich am Platz mit den Tauben.

Auch gleich bei der Kathedrale.

Das Theater ist nicht weit vom Brunnen mit den Fischen...

Du gehst nur ein paar Stufen und kommst zum Taubenplatz. Rund um den Platz stehen viele große Gebäude mit Läden. Da stehen auch eine Bank, eine Kirche, ein Café und ein Zeitungskiosk. Da ist auch das Haus des Bürgermeisters. Der Bürgermeister ist der, der die Stadt regiert, der Chef der Stadt, und der Chef ist immer genau in der Mitte. Du kannst erkennen, wann du im Zentrum bist, weil dort viele Häuser sind, viele Läden, viele Leute, die in den Läden irgendwelche Sachen kaufen... Dann gehen sie hinaus, gehen woanders hinein und dann gehen sie wieder woanders hin...

Die Via Emilia

Wenn du die Via Emilia hinuntergehst, kommst du zum Stadtzentrum. Das ist die alte Straße. Sie ist nicht sehr breit, aber wirklich lang!

Die Via Emilia ist eine lange Straße, auf der Autos fahren. Sie ist wirklich belebt! Es gibt viele Autos und viele Ampeln und auch Cafés. Wenn ich hier rüberschaue, kann ich Ampeln, Verkehr, Bäume, vorbeigehende Leute sehen. Und da drüben: Häuser. Du riechst Auspuffgase und Benzin – es ist Benzin in der Luft, die deine Nase atmet. Wenn du es hunderttausend Mal riechst, stirbst du, denn dein Körper braucht diese Gase nicht. Er braucht Luft. Wenn du ins Stadtzentrum kommst, kannst du das an den Häusern sehen, denn sie sind wirklich anders als die im Rest der Stadt. Sie stehen alle eng zusammen. Sie sind wie eine Kette!

Die Via Emilia war auch der beste Platz, um Säulengänge zu bauen...

denn sie ist die längste Straße für Häuser...
Im Zentrum sind die Häuser große Gebäude. Dort gibt es viel mehr Leute als außerhalb der Stadt.
Es sind mehr Leute als Häuser!
Die Häuser haben unterschiedliche Farben, denn jeder entscheidet, welche Farbe er möchte, aber sie stehen alle zusammen. Es ist, als wäre es ein einziges großes Haus. Innen, in den Gebäuden, sind viele Menschen, viele Treppen, die zu verschiedenen Räumen führen. Dadurch brauchen die Häuser weniger Platz.
Reggio ist wirklich voller Häuser! Wenn du ein Fenster öffnest, siehst du ein anderes Haus. Sie haben sie eng zusammengebaut, denn Freunde müssen eng beieinander sein.

... und wenn die Leute die Treppen herunterkommen, freuen sie sich, unter den Säulengängen zu sein.

Du riechst den Duft der Cafés, den Geruch von Kaffee, Tee und Gebäck und von vielen anderen guten Dingen. Du riechst einige Düfte, aber dann verschwinden sie wie der Blitz: der Geruch von schwarzem Kaffee und der Geruch von Feuer, denn jemand röstet Kastanien.
Unten ist der Bürgersteig, und dort sind manchmal auch Läden und Restaurants, Pizzerias, Schmuckgeschäfte und der Ball-Laden.

Es ist wirklich schön.

Sie sehen aus wie Türen,
die dich weit weg bringen.

Als ich weit weg war,
schienen sie so tief
wie eine Höhle!

Sie waren so tief,
und sie wurden
länger.
Als wären es
hundert oder
tausend
Säulen!

Schau mal! Schatten!
Sind es unsere?
Nicht nur unsere, sondern auch die der Säulen.
Los, rennen wir! Spielen wir Fangen!
Springen wir über die Schatten der Säulen!

Da ist ein Schatten an der Wand, viele Schatten!
Das sind die Säulengänge,
die die Sonne macht!

Wenn du von innen draufschaust, siehst du das Innere, und wenn du hoch schaust, siehst du das Dach.
Nein, ich denke, sie sehen aus wie Dächer, wie die Flügel von Flugzeugen, wenn sie anhalten.
Ja, das ist wie ein Bogen, das sind verschiedene Arten: lang, rund, quadratisch und oval.

Die Säulengänge waren immer hier und werden immer hier sein. Sie haben es gut gemacht, denn du kannst zwischen den Säulen herumlaufen, und sie sind immer wieder anders. Es ist ruhiger hier und auch friedlich. Sonst müssten die Leute sich, wenn es regnet, unter die Bäume stellen, damit sie nicht nass werden. Es macht Spaß, reinzugehen... Die Säulengänge schützen die Leute gut, die darunter laufen, wenn es regnet, wenn es schneit oder wenn die Sonne zu sehr scheint. Sie haben sie gebaut, um die Stadt schön zu machen. Und auch, weil sie die Häuser, die Fenster und die Balkons halten, denn die Säulengänge sind unten, und die Häuser sind oben drauf. Gott hat die Säulengänge gemacht, mit seinen Händen, vom Himmel aus. Er hat eine besondere Energie... Aber zuerst hat er die Straßen gebaut! Denn bevor es die Säulengänge gab, war da ein Loch... Er wollte sie für die Menschen machen, damit sie einander besser kennenlernen. Die Leute gehen in die Säulengänge und machen, was sie wollen: Sie schauen sich Dinge an, sie reden..., was sie eben wollen, solange sie nichts stehlen, sonst lösen sie eine Alarmanlage aus. Wenn du in der Stadt unter die Säulengänge gehst, siehst du die

Schaufenster, und du kannst dein Gesicht im Fenster sehen, genau so, wie du bist. Du kannst da unten spazieren gehen, aber manchmal fahren dort auch Fahrräder. Ich mag die Säulen, denn sie sind so unterschiedlich gemacht: Die halbrunden und halbflachen sind so gemacht, dass man darin herumlaufen kann. Du kannst in der Mitte hindurchgehen; du beginnst hier, gehst rein, gehst raus, läufst, rennst... Weil es zisch-zisch-zisch um die Säulen herumgeht, man kann sich hier auch verstecken. Es gibt einen Säulengang, der ist durch eine Straße unterbrochen, weil sie mal aufhören und dann wieder neu anfangen. Sie sehen aus wie viele offene Türen. Die Stadt hat Säulen in sich und dann, weiter drin, hat sie Häuser, alles zusammengemischt! Die Bögen hängen alle zusammen, sie sind in Reihen, und manchmal führen sie mit der Straße um eine Ecke. Es gibt einige, die sind wie eine halbe Tasse: Die Bögen sind in einem Kreis gebaut, nur halb. Sie sind gemacht ... wie ein Regenbogen. Es gibt kleine Bögen und große; einige sind schlank, und einige sind dick. Die Säulengänge sind aus Ziegeln gemacht; oben sind sie rundlich. Oben kannst du einige große Säulen mit flachen Formen und Formen wie Brücken sehen. Über den Säulengängen ist es, als würden sie weitergehen, denn da sind einige Häuser mit Fenstern, die Säulengänge sind für den Wind. Der Wind weht: „Huuu, huuu!" Er kommt am einen Ende herein, am Anfang der Säulengänge, und geht durch, denn Wind ist unsichtbar. Aber er will überhaupt nicht rausgehen, denn er macht hier richtig Krach, und das macht Spaß. Wir hatten viel Spaß, als wir auch „Huuu, huuu!" riefen; unsere Stimmen machten: „Huuu, huuu!" Du konntest es zwei Mal hören! Du fühlst dich vor dem Regen geschützt. Du hörst die Geräusche des Regens, wenn er fällt: „Plopp, plopp." Es ist nicht sehr hell, und in der Nacht ist es dunkel. Nein, in der Nacht ist dort mehr Licht, denn sie schalten die Straßenbeleuchtung an!

In Reggio hat jeder ein Fahrrad.

In Reggio hat jeder ein Fahrrad:
die Männer, die Mütter, die Kinder...

... die Großeltern, und sie sind die einzigen, die wirklich daran gewöhnt sind, denn sie fahren Fahrrad seit langer, langer Zeit.

Wenn ich auf meinem Rad fahre, fühle ich die Luft, und wenn du wirklich schnell fährst, fühlst du den Wind, und dein Herz schlägt schnell.

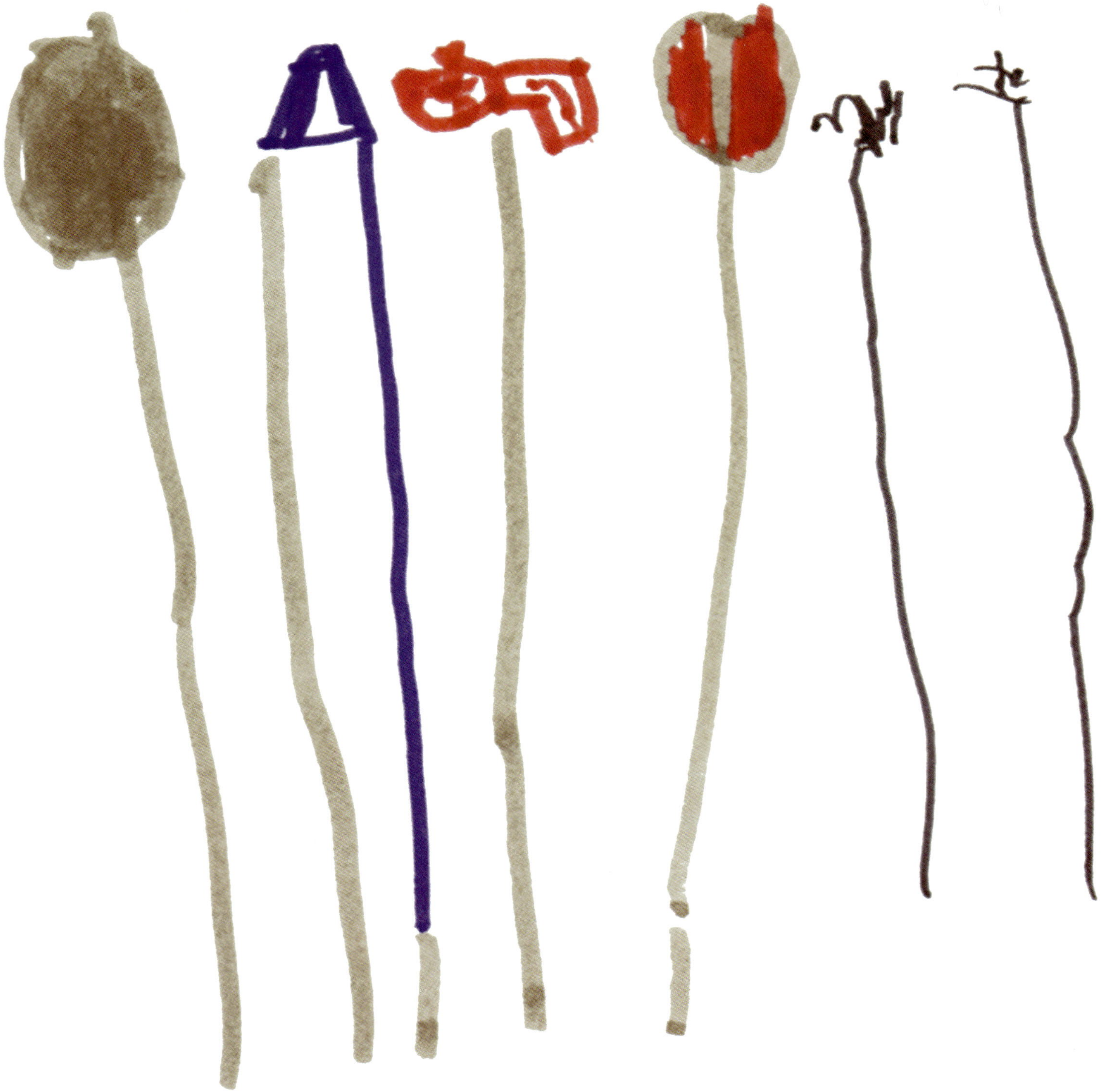

In der Stadt brauchst du Informationen, damit du weißt,

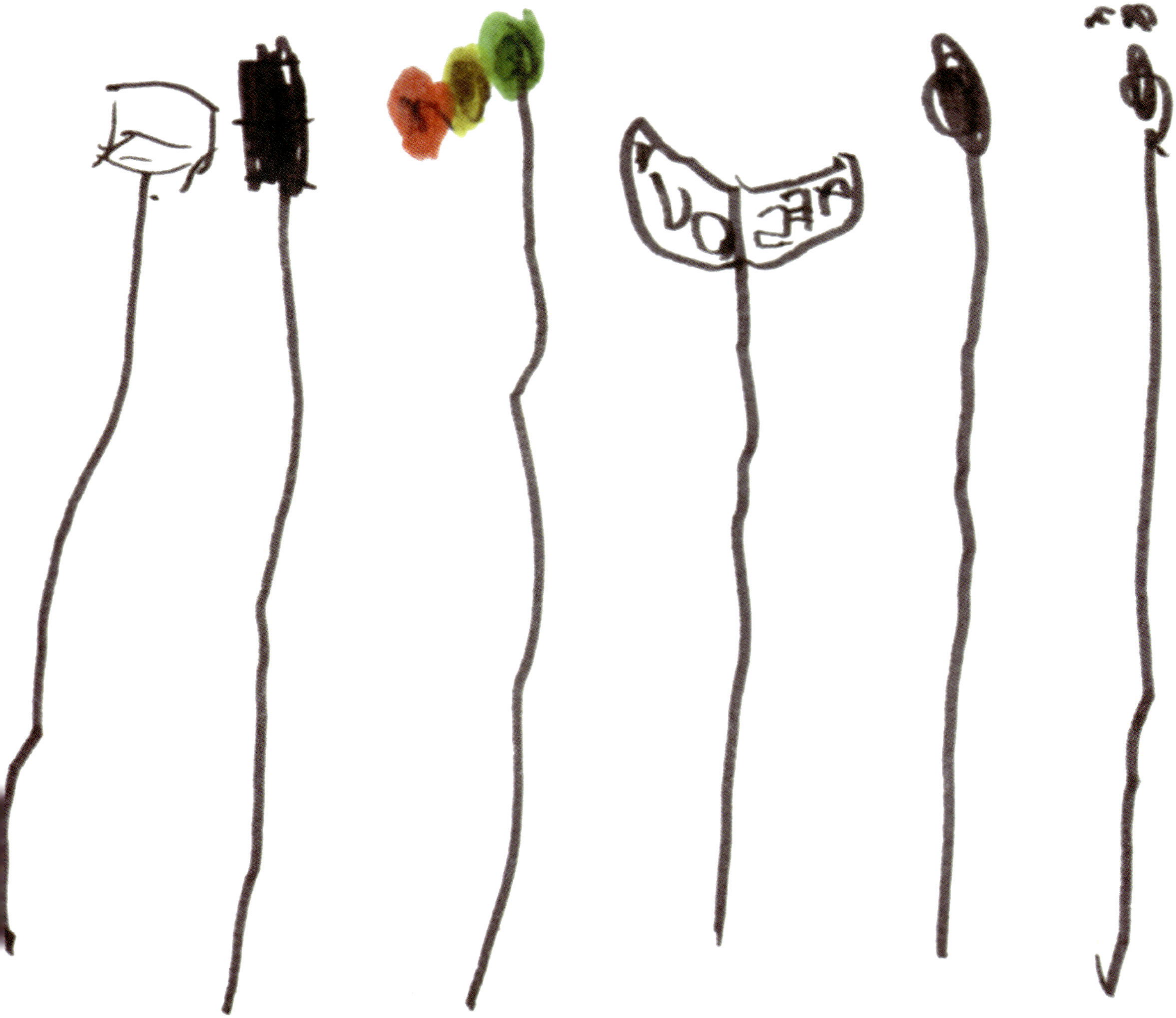

wohin du gehst. Deshalb stellen sie all diese Schilder auf!

Die Piazza Prampolini oder Kathedralenplatz oder Taubenplatz

Der große Platz ist die Welt von Reggio Emilia. Sie haben ihn gebaut, damit viele Leute dort sein können, um Sachen zu kaufen, einzukaufen, mit Freunden Fahrrad zu fahren. Die Leute sehen einander an, sie schauen in den Himmel, und sie beobachten die Tauben, die auf die Dächer fliegen... Es sind Leute da, die die Zeitung lesen, mit Schnauzern und Bärten. Die Väter reden im Café, alte Leute rauchen. Mamas mit Kinderwagen und Leute, die mit ihren Hunden einen Spaziergang machen, sind auch da. Der Platz ist auch gut für Leute, die einfach still sein wollen. Er ist auch für Besucher, denn er ist wirklich schön.

Auch am Abend sind viele Leute auf dem Platz.

Alte Leute, junge Leute, Leute mit Hüten, Mädchen... Und dann sind da die Großmütter, denn sie haben Zeit, also gehen sie auf den Markt.

Manchmal gibt es eine Parade, wenn wichtige Leute kommen. Dann hörst du die Geräusche der Feiern, die Polizeisirenen und Verkehrspolizistinnen auf Rädern. In der Nacht sind da auch Detektive, denn manchmal gibt es Banküberfälle.

Der Platz wurde vor langer Zeit gebaut, vielleicht vor 20 Jahren. Jetzt ist er alt... Plätze werden auch alt, aber sie haben nicht Geburtstag.

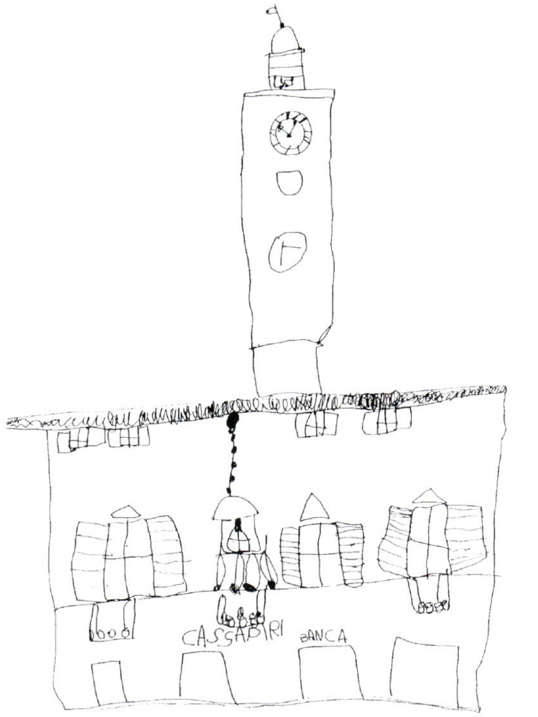

Der Platz hat kein Haus wie wir... Es gibt viel Gebäude. Sie sind alle verbunden, aber sie sind nicht alle gleich! Sie haben verschiedene Farben und wirklich hohe Fenster.
Da steht auch ein Gebäude, das eine Uhr und einen Turm hat. Ein anderes ist gelb und langgestreckt: Es besteht aus vielen Gebäuden, und in der Mitte hat es eine kleine Straße. Rund um den Platz führt eine Straße mit Bürgersteig. Die Straße ist außerhalb des Platzes; der Platz ist innen. So können wir ganz um den Platz herumgehen.

Da stehen viele Häuser rund um den Platz. Einige sind miteinander verbunden und einige nicht. Wenn sie nicht verbunden sind, ist da eine Straße, die zwischen ihnen hindurchführt. Die Kathedrale steht in der Mitte einiger dunkler Gebäude.
Das Haus des Bürgermeisters hat einen Balkon, von dem aus man den ganzen Platz von oben sehen kann.

Im Grunde hat jede Stadt ihren eigenen Bürgermeister

Wenn es nicht so wäre, könnten die Städte gar nichts machen. Reggio hat auch einen Bürgermeister... Der Bürgermeister von Reggio Emilia ist eine Frau... Heißt sie deshalb „Bürgermeisterin"? Sie muss den Polizisten Sachen sagen, und die Polizisten sagen diese Sachen dann allen anderen... Sie muss der Chef der Stadt sein, aber das ist eine ganz schöne Last! Denn jeder kommt, um sie Sachen zu fragen... Tausend Leute kommen, und alle wollen irgendwas. Aber es ist wirklich ein wichtiger Job! Denn du musst einer Menge Leute antworten, die du nicht kennst, und möglichst die richtigen Sachen sagen! Die Bürgermeisterin sagt sehr wichtige Sachen – deshalb ist sie der Chef. Sie sagt, was die Leute tun müssen, und dann geht sie und kontrolliert das... Manchmal kontrolliert sie draußen... Sie ist eine Art Spion. Sie passt auf, dass jeder gut ist, und dann sagt sie das in den Nachrichten. Der Name unserer Bürgermeisterin ist Spaggiari. Sie ist eine Dame, und sie ist der Chef von der ganzen Stadt Reggio. Die Bürgermeisterin ist der Chef der Polizei! Sie arbeitet die ganze Zeit, sogar in der Nacht... Sie ist es auch, die die Filme in die Kinos bringt. Ich glaube, die Bürgermeisterin ist es, die alle Theater eröffnet. Sie macht Bilder von den Leuten, die nach Reggio kommen und noch nie zuvor hier gewesen sind, und dann baut sie Häuser und gibt ihnen auch Arbeit. Die Bürgermeisterin muss sehr gut schreiben können – auch am Computer. Sie muss dafür sorgen, dass jeder arbeitet. Sie muss wissen, wo Reggio liegt und Afrika, Frankreich, Australien... Denn wenn jemand sie fragt, muss sie das wissen! Sie muss zur Bürgermeisterschule gehen, um zu lernen! Es ist wahr, es gibt eine Schule, in der viele Leute sitzen und viele Sachen sagen... Sie reden und reden und reden. Ich sehe das immer im Fernsehen. Sie muss wissen, wie man sich benimmt, denn wenn sie sich schlecht aufführt, kann man sie sogar einsperren! Sie muss nett, aber auch streng sein... Die Männer würden lieber einen Mann als Bürgermeister haben, und die Frauen wollen eine Bürgermeisterin. Es gibt Männer und Frauen... Es ist besser, wenn der Bürgermeister alt ist, denn alte Leute sind klüger. Aber junge sehen besser aus! Die Bürgermeisterin arbeitet in dem großen Gebäude am Kathedralenplatz. Einmal sah ich, wie sie hineinging... Die Leute heiraten auch in dem Gebäude – ich habe sie gesehen! Unsere Bürgermeisterin kann, wenn sie will, den bestaussehenden Mann heiraten. Sie kann sich den am besten aussehenden Typen in Reggio wählen, und dieser Mann könnte vielleicht sagen: „Ich bin der Ehemann der Bürgermeisterin, also kann ich auch ein bisschen Chef sein, wie bei Königen und Königinnen." Aber bei Königen ist es anders. Zum Beispiel ist der König reicher als der Bürgermeister... Der König hat eine Krone, und der Bürgermeister hat die dreifarbige Schärpe, und das ist auch ein Zeichen der Macht. Der König hat Diener; der Bürgermeister hat Sekretäre... Dann gibt es noch einen anderen Unterschied. Es ist der, dass die Leute über den Bürgermeister entscheiden. Ich habe das gestern im Fernsehen gesehen. Es ist so: Da gibt es ein großes Stück Papier, auf dem jeder ein Kreuz macht, wo schon ein Name steht, und derjenige mit den meisten Kreuzen von allen, der wird dann Bürgermeister der Stadt. Aber beim König und der Königin ist das anders.

Sagen wir mal, ich bin noch im Bauch meiner Mama, und meine Mama und mein Papa sind schon verheiratet. Stellen wir uns vor, dass mein Vater oder meine Mutter König oder Königin ist. Wenn ich geboren bin, werde ich dann König. Aber meine Schwester kann nicht Königin werden. Nur das älteste Kind kann König werden... Ja, ich hab`s! Um König zu sein, musst du als Vater den König oder als Mutter die Königin haben... Aber wenn ich König bin und eine Frau heirate, dann wird sie Königin... Du kannst es auch so machen! Aber es ist besser, Bürgermeister als König zu sein, denn... Sagen wir mal, da sind zwei: Einer heißt Pietro, der andere Giovanni, und sie beschließen, Bürgermeister zu werden. Nehmen wir an, dass Giovanni gewinnt... Er ist besser, denn es waren, ich weiß nicht, vielleicht hundert für Pietro und tausend für Giovanni. Das ist schon richtig, denn tausend ist mehr als hundert... Und dann kannst du den Bürgermeister auswechseln, wenn der alte in Rente geht, wie mein Großvater das getan hat, aber bei einem König musst du warten, bis er stirbt – er geht ganz sicher nicht in Rente! Weil er all die reichen Dinge hat. Am Morgen steht die Bürgermeisterin auf und geht ins Rathaus... Aber es ist besser, wenn sie in der Nähe wohnt, denn es kann ja richtig heiß draußen sein, oder im Winter ist es eiskalt, und sie kann nicht alle Leute warten lassen... Dann geht sie in den Raum, in dem sie sich treffen, um über die Sachen zu reden. Das ist der Parlamentsraum (ich bin nicht sicher, ob er wirklich so heißt) – ist es vielleicht der Saal der Trikolore? Ich habe gesehen, wie die Bürgermeisterin die Fahne über der Schulter trug: weiß, rot und grün. Ich habe auch eine Fahne von Reggio zu Hause, aber die ist klein! Sie stecken auch Fahnen auf die Häuser, wenn wichtige Feiertage sind oder wenn die Bürgermeisterin Geburtstag hat. Das sind die Fahnen von Reggio-Europa. Die Fahnen sind dafür da, dass du verstehst, welches Land es ist, denn wenn es keine Fahnen gäbe, könnte jemand sagen: „Das ist jetzt Frankreich", aber tatsächlich wären sie vielleicht in Russland... Fahnen werden dafür verwendet, um zu zeigen, wo du bist: Frankreich, England... Sie werden genutzt, um alle Länder extra zu kennzeichnen, um Richtungen zu finden... Es ist eine Art Name. Es muss einen Namen geben, und es muss Farben geben, denn eine Fahne ohne Farben ist genau so, als ob man gar keine Fahne hätte – ganz weiß. Das ist wie ein Sinn, der nicht da ist. Jede Stadt hat ihre eigene Fahne... Na ja, nicht wirklich jede – nur die großen Städte haben eine. Ich weiß nicht, hmm... Belluno zum Beispiel hat keine eigene Fahne. Aber Mailand ist in Italien und Rom auch. Vielleicht – ich denke, sie haben auch eine Fahne für Reggio. Unsere Fahne ist grün, weiß und rot. Es gibt viele verschiedene Arten, aber sie sind alle rechteckig wie die Sechs-Punkt-Legosteine. Aber Italien hat die Fahne von Europa. Die hat viele kleine Sterne, und jeder Stern ist ein Land in Europa – natürlich ein großes Land! Sie ist blau mit gelben Sternen. Es ist die hübscheste, denn sie sieht aus wie ein Himmel mit all den Planeten! Wir Italiener haben unsere Fahne gewählt. Ich meine, es ist unmöglich, alle dazu zu kriegen, einer Meinung zu sein. Ich denke, der Chef von Italien, der wie der Bürgermeister von Italien ist, hat die Fahne gewählt, und er ist der Chef von allen Bürgermeistern.

Auf dem Platz sind viele kleine Steine, die eng aneinander passen. Sie sind rechteckig und bilden auf dem Boden einen Regenbogen. Sie haben sie gemacht, damit die Kinder mit den Tauben spielen und sie erschrecken können.
Die Tauben leben hier, auf dem Platz... Er heißt „Taubenplatz“, weil sie hier ihre Nester haben.
Es sind viele, denn hier ist viel Platz, und sie finden hier auch etwas zu essen, weil immer jemand da ist, der ihnen etwas Brot hinwirft.
Manchmal, wenn du dicht an sie rankommst, berühren sie dich mit ihren Flügeln... Das ist lustig! Weißt du, was? Ich habe schon mal einen Taubenflügel gespürt, und er ist irgendwie hart unter den Federn!

In der Mitte des Platzes steht ein Brunnen, die Statue eines Mannes mit einer leeren Vase. Der Brunnen macht den Platz hübsch, er wird von den Tauben zum Trinken benutzt und von den Kindern zum Händewaschen.
Es ist die Statue des Flusses Crostolo! Sie ist groß, aus hartem Stein gemacht, und es sind auch Tauben rundum.
Es ist wie ein Café für die Vögel. Das Wasser fällt aus einer Art Röhre, es läuft die ganze Zeit, und es ist umsonst.

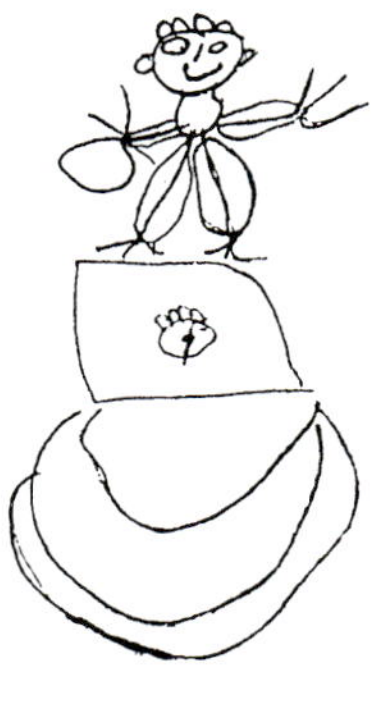
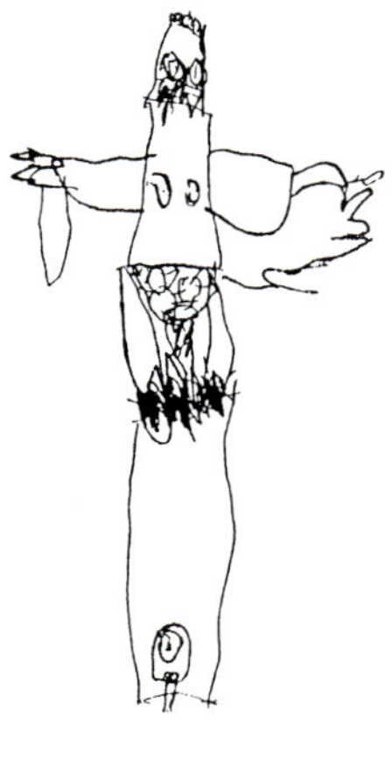
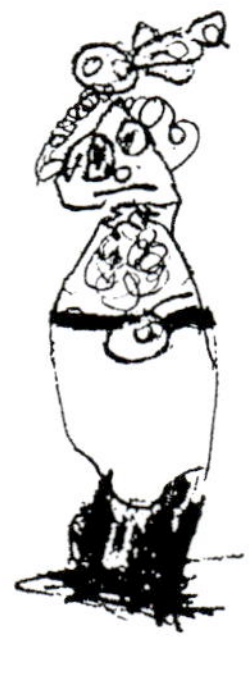
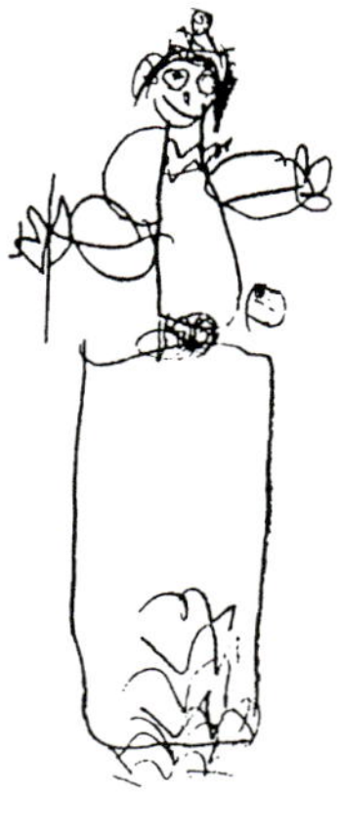

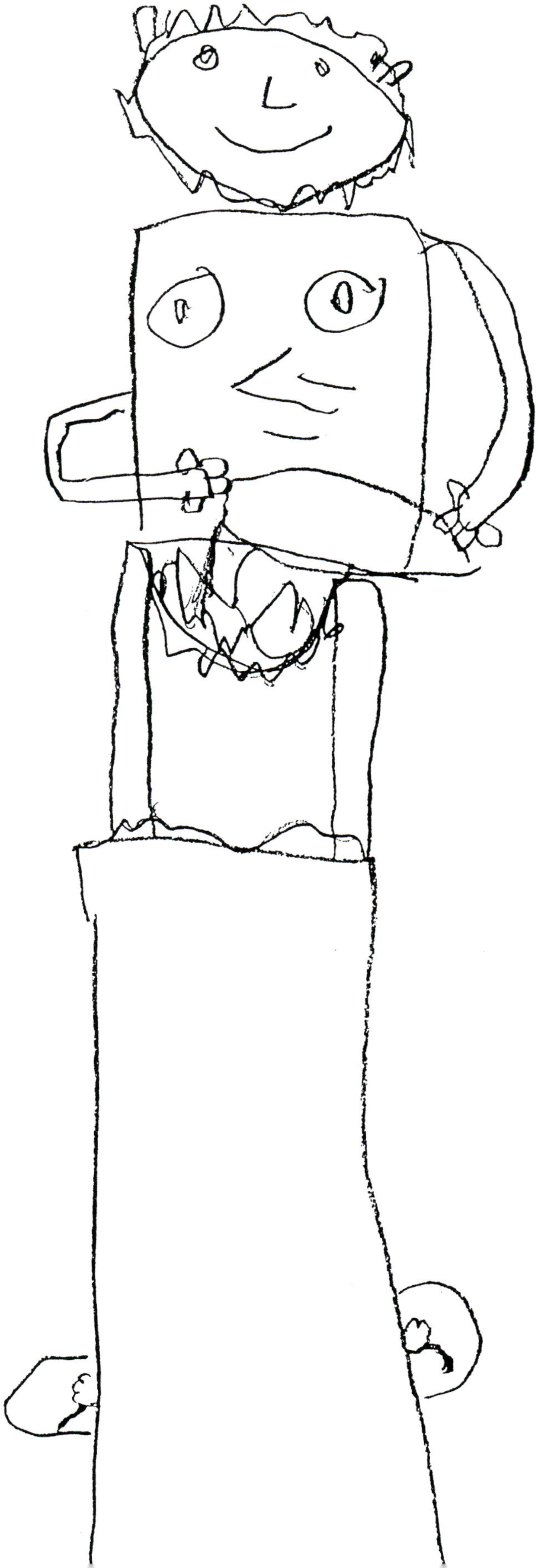

Ich erinnere mich, dass ich oft mit meiner Mama zu den Tauben gegangen bin! Zuerst haben wir sie gefüttert, dann haben wir sie gejagt, und sie sind weggeflogen... Sie flogen in den Himmel, und dann kamen sie wieder herunter und zurück.

Ich mag den Balkon am Rathaus sehr gern, von dort aus kannst du den ganzen Kathedralenplatz sehen. Er ist so hübsch! Du siehst die Kuppel der Kathedrale von außen. Das ist wirklich schön, weil die Kathedrale einen so dicken Bauch hat. Sie ist ganz grau mit kleinen Fenstern, und oben ist das spitze Ding von einem Dach mit dem goldenen Kreuz und der goldenen Wetterfahne...
Auf Plätzen sind immer Kirchen; die Kathedrale ist also auf dem Kathedralenplatz.
Sie haben denselben Namen, also sind sie ein Paar, sie bilden eine Familie.
Alle Kirchen haben einen Namen, denn sie sind lebendig.
Der Platz ist dafür da, dass man darauf laufen kann. Er ist auch dafür gebaut worden, dass die Kirche nicht draußen auf der Straße stehen muss.

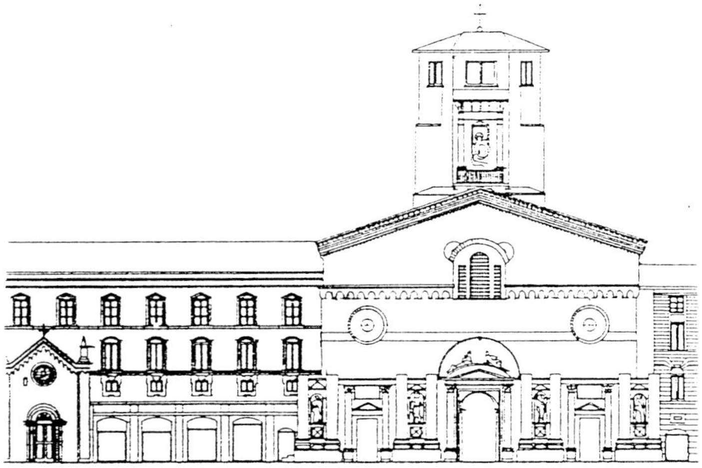

In der Stadt kannst du auch auf die Steinstatuen klettern. Einige Figuren stehen aufrecht, einige liegen in der Kathedrale. Sie sind sehr, sehr schön!
Die Form einer liegenden Frau und eines liegenden Mannes – weißt du, sie werden das nie wieder so schön machen können!
Sie haben die Plastiken hierher gebracht, um die Stadt schön zu machen und auch zur Erinnerung, denn die Figuren erinnern an die Großeltern.

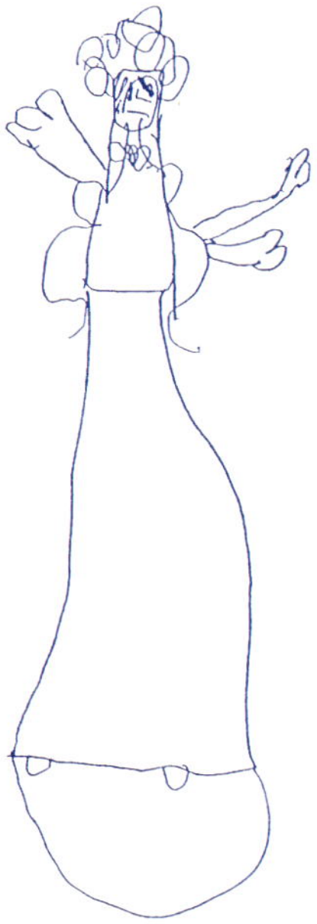

Die Madonnenfigur an der Kathdrale ist aus antikem Gold gemacht...
Das ist etwas sehr Seltenes und sehr, sehr alt.
Und kostbar, wirklich kostbar!

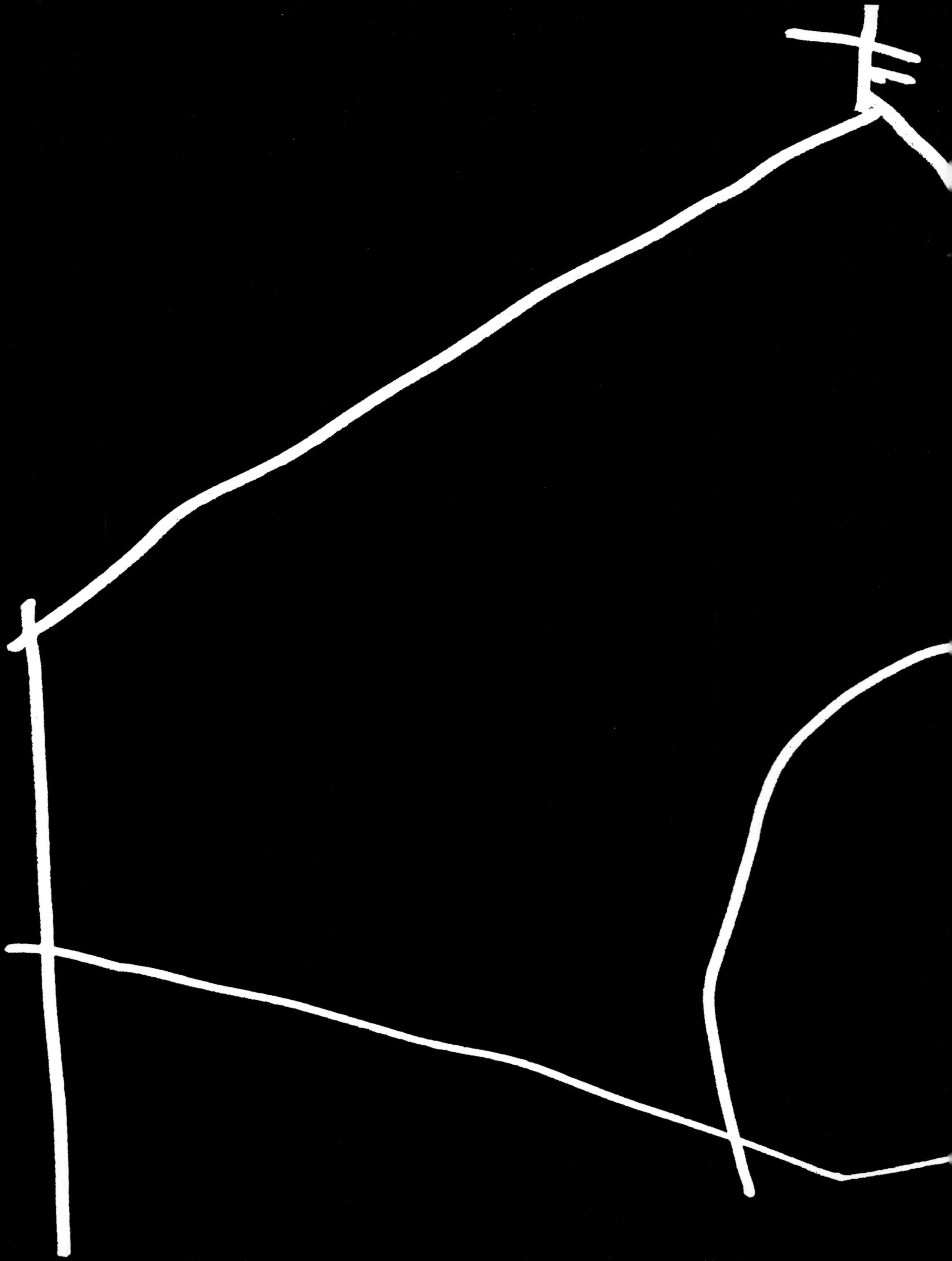

Die Kirche ist ungla
schön, hierher zu ko
gefällt es, wenn es s
Alles, was du hörst
der Damen, die her
anzünden und die T
Du hörst, wie die M
ganz leise.
Es gibt viel Schatte
kleines bisschen Li
Boden ist das Licht
die brennen. Oben,
scheint das Sonnen

Die Piazza San Prospero oder Löwenplatz

Hinter dem großen Platz ist der Platz San Prospero. Das ist eine Art Hof.
Es ist ein netter Platz, um dorthin zu gehen.
Ganz am Ende des Platzes steht die Kirche San Prospero.

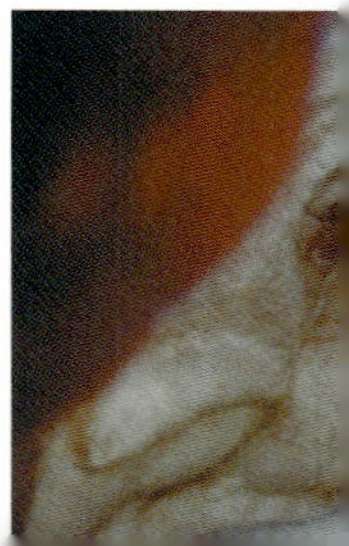

Auf dem San-Prospero-Platz kannst du die Löwen sehen. Deshalb heißt er auch der Löwenplatz. Es sind Löwen aus Stein – sie sind etwas ganz Besonderes! Sie sind aus orangefarbenem Stein gemacht und wirklich groß. Sie haben sogar so viel Platz, dass Kinder auf ihnen sitzen können. Tatsächlich haben sie die Löwen für die Kinder aufgestellt, damit die Kinder Spaß haben.

Ich weiß, dass es der Heilige Prospero war, der dafür gesorgt hat, dass viel Nebel kam, als die Barbaren uns angriffen. Er kämpfte nicht – er ließ den Nebel herunterkommen! Er war ein Heiliger mit vielen Fähigkeiten, und die Barbaren konnten die Stadt nicht sehen, weil der Nebel alles versteckte... Vielleicht ist das vor 2000 Jahren passiert, als sie gegen die Barbaren gekämpft haben.
Das ist die wahre Geschichte des Heiligen Prospero. Na ja, die Barbaren haben geraubt und geraubt, und als es nichts mehr zu rauben

gab, mussten sie woanders hingehen, und manchmal haben sie auch Leute umgebracht. Diesmal kamen sie nach Reggio Emilia, weil sie reich werden wollten. Sie wollten Dinge zerstören, um die reichsten Leute auf der Welt zu werden. Dann ließ der Heilige Prospero den Nebel herunterkommen, denn wenn sie die Stadt verlassen würden, würden sie weit weggehen und nicht merken, dass diese Stadt Reggio Emilia war. Dann, als der Nebel wieder verschwunden war, gab es ein großes Fest. Alle Häuser waren geschlossen, die Schulen waren geschlossen, die Väter gingen nicht zur Arbeit, und die Mütter gingen nicht zur Arbeit. Jeder brachte irgendetwas für das Fest des Heiligen Prospero mit, denn er hatte unsere Stadt gerettet.

In der Stadt riecht es feucht.

Auf dem Platz stehen viele Marktstände, und du kannst alles kaufen, was du willst! Die Stände sind immer dort, nur nicht an den Sonntagen. Der Markt ist wie ein Platz, und alle Häuser stehen rundum. Er ist voller Menschen. Du kannst das Parfüm der Damen riechen, die vorbeigehen, den Geruch von Pizza und Kuchen. Du kannst frisches Brot riechen und die Düfte der Bäckerei und die Gerüche der Häuser, denn wenn sie kochen, kannst du das auch in der Stadt riechen. Zum Beispiel Kraut – puh, das stinkt!

Hinter dem Löwenplatz riecht es gut – vielleicht nach Wassermelone oder Honigmelone und Käse, Salami, Schinken und Fisch. Der Geruch der Luft – das ist ein fliegender Geruch. Du kannst auch leise Geräusche hören, denn wenn du jemandem begegnest, hörst du das Geräusch seiner Schuhe.
Jeder trägt Einkaufstaschen, Portemonnaies, Brieftaschen... Du kannst das Geräusch der Taschen und der Absätze der Leute hören. Du kannst das Geräusch der Stimmen hören, das Miauen von Katzen, Hundebellen und die Musik aus dem Fernsehen. Manchmal hörst du auch die Stimmen der Vögel.
Auf dem Platz kannst du lautes Rufen hören, denn der Platz ist groß und voller Menschen.

Die Geräusche des Marktes

JMOREDIREDDNI
RUMOREDICARCARELI

Jede Stadt hat ihr eigenes Rezept. In Reggio Emilia ist das Essen gut.

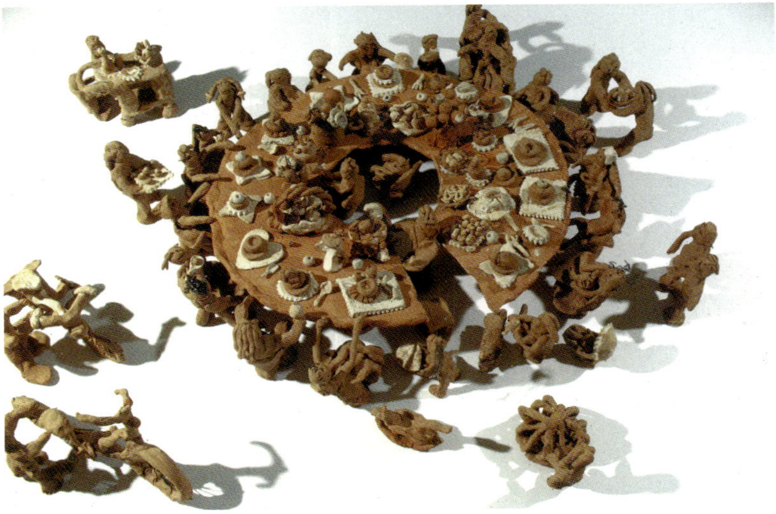

Das kannst du essen:
Tagliatelle nach vielen verschiedenen Rezepten. Du machst einige Streifen Nudelteig – wie Spaghetti, nur ein bisschen breiter. Sie sind ein bisschen wie lange Rechtecke. Manche sind weiß, und manche sind grün.

Tortelli und Tortellini. Sie werden aus grünen Nudeln gemacht und schmecken wie Spinat. Um Tortellini zu machen, brauchst du ein großes Stück Nudelteig, und dann schneidest du mit dem kleinen Rädchen viele Tortellini, die aussehen wie Sterne. Sie riechen gut nach Gemüse.

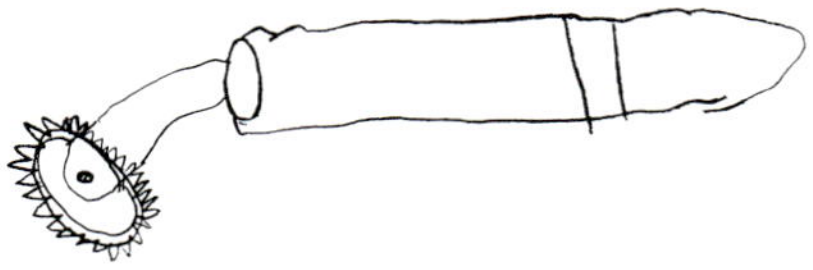

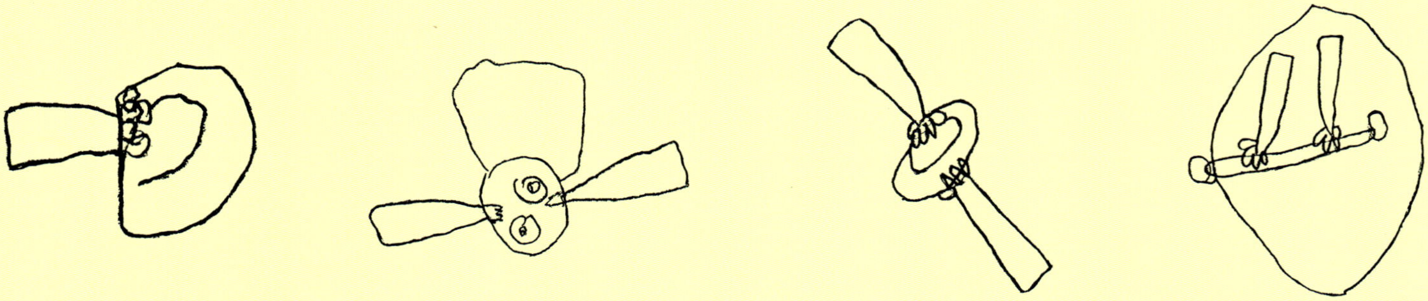

In den Cappelletti sind alle Sorten von Geschmack. Du nimmst Mehl, Eier, Schinken, Käse und Salz. Dann nimmst du die Pasta und schneidest sie zurecht wie ein Bonbonpapier, wie ein Rechteck, dann legst du etwas hinein – den Schinken und das Salz. Dann machst du einen kleinen Hügel daraus, wie ein Vulkan. Danach legst du sie in den Topf und kochst sie in Brühe. Du isst sie mit einem Löffel.

Lasagne ist ziemlich lang, wenigstens einen Meter! Du machst Lasagne aus Milch, Tomatensauce, aus den Nudeln und der „Balsamel“-Sauce.

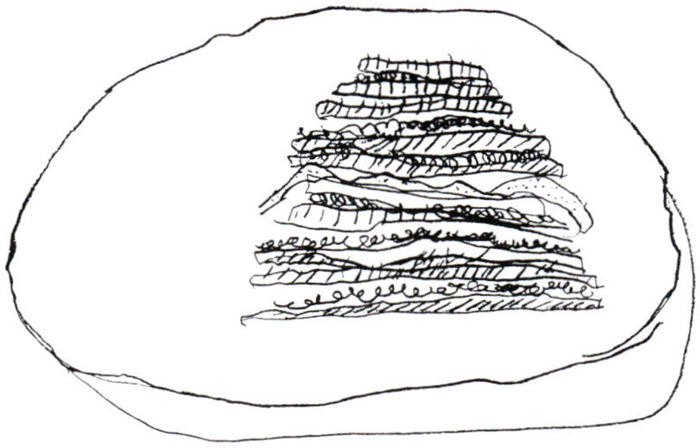

Parmigiano-Reggiano-Käse wird so genannt, weil etwas davon in Reggio gemacht wird und etwas in Parma. Wir bringen ihn in alle anderen Städte.

Erbazzone. Um das zu machen, brauchst du oben und unten Pastete, und innen ist Spinat. Es ist auch etwas Käse im Spinat, du kannst den Geschmack spüren, wenn du isst.

Ein Huhn für die Brühe

Es gibt auch Pizza, aber Pizza essen die Leute überall in Italien, denke ich.
Um Pizza zu machen, nimmst du etwas Teig in die Hand, und mit der anderen Hand wirst du richtig schnell, dann wird es groß und rund. Dann legst du Tomatensauce obendrauf und kleine Käseecken. Danach schiebst du die Pizza in den Ofen. Wenn sie gebacken ist, isst du sie. Es gibt viele Arten Pizza: mit Frankfurter Würstchen, mit Wurst, nur mit Käse...

Ein Schwein für den Schinken

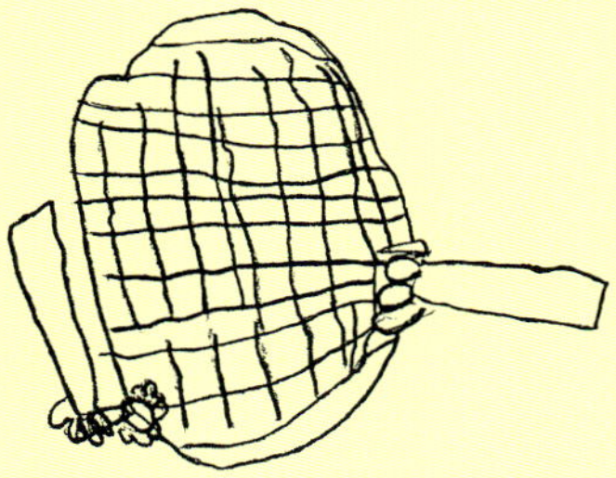

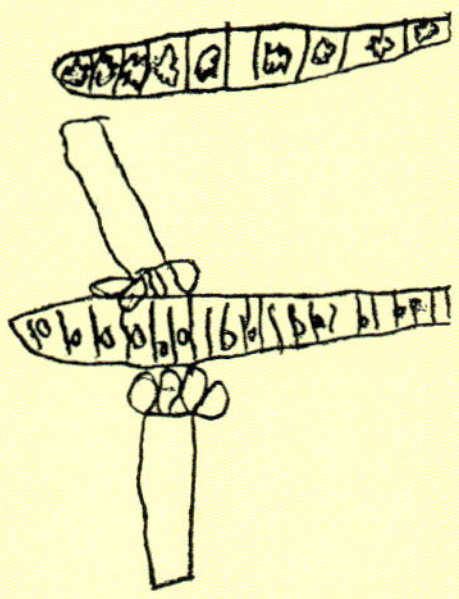

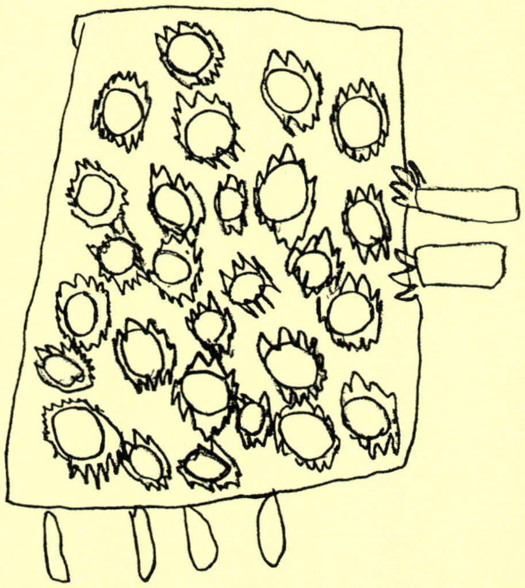

Cappelletti schmecken gut. Sie riechen wie Fleisch und Brühe, denn das Fleisch wird mit Nudeln und Brühe gemischt, das ergibt einen guten Geschmack. Sie riechen warm, wie gerade gekocht.

Porträts der Familie zu Hause

Wenn ich esse, rede ich nicht darüber, was im Kindergarten war, weil das mein Geheimnis ist!

Manchmal, wenn das Abendessen fertig ist, fangen wir damit an, ehe Papa nach Hause kommt. Aber jetzt weiß er, dass er ein bisschen früher kommen muss, oder das Essen ist kalt, selbst wenn wir seinen Teller mit einem anderen Teller zudecken.

Wenn ich Geburtstag habe oder zu Weihnachten legt Mama eine besondere Tischdecke mit Weihnachtsbäumen auf den Tisch. Sie holt die schönen Gläser hervor und macht eine Pizza mit Zwiebeln. Dann stellt sie Kerzen auf den Tisch, auch eine für das Baby Jesus.

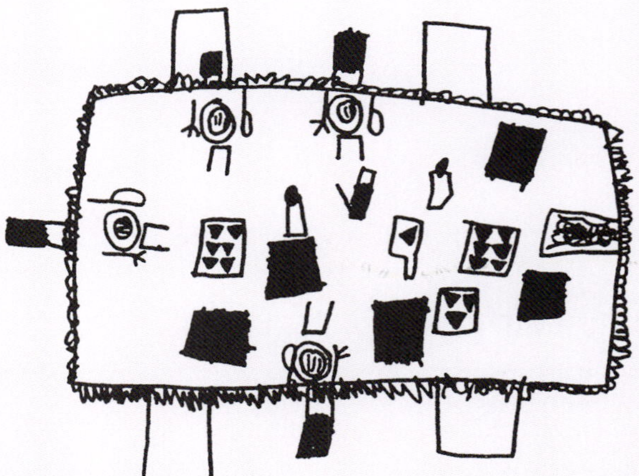

Ich bin immer die Letzte, die vom Tisch aufsteht, weil ich die langsamste Esserin bin. Dann fängt meine Mama an, das Geschirr abzuwaschen, und eine Minute später sagt sie: „Beeil dich, Francesca, ich kann nicht die ganze Nacht hier stehen!“

Ich spreche normalerweise viel, aber nicht bei Tisch! Ich rede nur im Kindergarten viel, denn meine Freunde und ich reden über Spiele und Comics.

Wir sind vier, aber ich glaube, ich sollte sagen, dass wir manchmal fünf sind, mit Bella, meinem Hund. Papa hilft Mama nur, wenn sie nicht weiß, wie sie etwas machen muss. Dann fragt sie ihn. Aber sonst sieht er fern und wartet, bis das Essen fertig ist.

Mein Tisch ist wirklich groß. Er ist grau mit kleinen schwarzen Punkten, und die Beine sind ganz schwarz. Meine Mama deckt den Tisch, und wir sehen Videos, während sie den Tisch deckt.

Wenn wir am Abendbrottisch sitzen, ist der Fernseher aus. Wir reden über Tiere, Leute oder darüber, was passiert ist. Meine Mama schüttelt das Tischtuch aus dem Fenster, und ich schaue zu, wie die Vögel die Krümel aufpicken.

Der Park

In der Nacht spricht der Himmel zu den Bäumen.

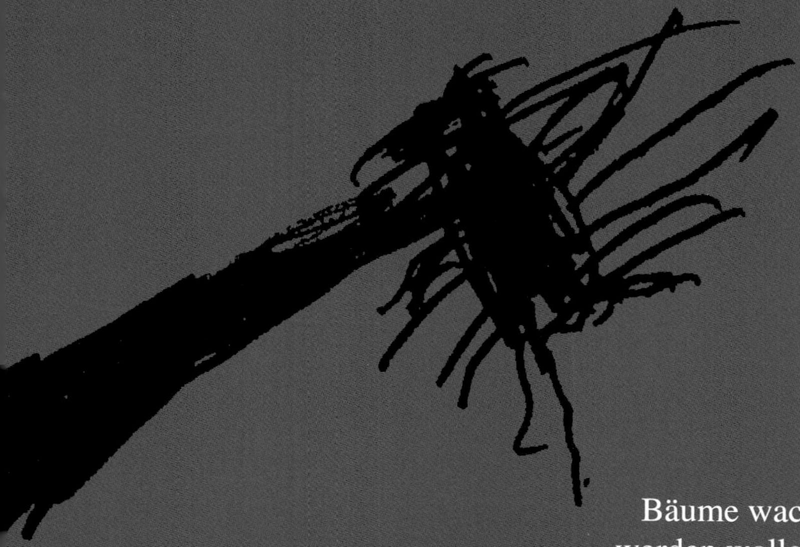

Die Bäume machen eine Art Musik, die aus ihren Blättern und auch aus den Blüten kommt: Der Wind ist die lauteste Musik, die Luft die leiseste.

Bäume wachsen von selbst, weil sie von selbst geboren werden wollen, denn sie haben keinen Besitzer.

Die Bäume im Wald sind ... wirklich mutig.

Es ist der Samen, der, wenn er groß ist, „Kiefer“ sagt, aber leise, in der Erde, und so erinnert sich der Baum an seinen Namen.

Im Winter verhungern die Bäume, aber im Sommer beginnen sie wieder zu leben. Wir werden sehen, ob sie auch in diesem Sommer zurückkommen.

Die Blätter fallen ab, weil sie sich nur mit einer Hand festhalten.

Wenn es regnet, verändert sich das Grün der Blätter; es wird, hmm, blau.

Die Bäume wissen von selbst, wofür die Wurzeln da sind.

Ich denke, die Bäume sind lebendig, denn sie machen Äpfel, sie machen Blätter, sie machen den Wind.

Reggio ist hundert und tausend Jahre alt.

Das Museum ist im Stadtzentrum, deshalb kann jeder hingehen.
In Reggio gibt es zwei Museen, denn wenn es kein Museum gäbe, wäre es keine wirkliche Stadt. Wenn wir nicht hier wären, wäre nur die Geschichte von früher da. Wenn kein Museum da wäre, würden die Leute nicht wissen, was früher geschehen ist, denn im Museum gibt es all das alte Zeug.
Das Museum ist in einem großen Gebäude und sieht aus wie eine Art Kaufhaus, aber es ist keins – es ist ein Museum. Denn ein Museum ist ein Ort, an dem du keine Dinge kaufst, du siehst sie dir nur an.
In den Museen gibt es Skelette, die du dir anschauen kannst, und Gräber und auch ein ausgestopftes richtiges Krokodil mit seinem offenen Maul, Dinosaurierknochen und auch einen Wal.
Die ausgestopften Tiere sind wirklich alt, und es gibt auch ein paar wirklich alte Dinge aus dieser Stadt, denn Reggio Emilia ist hundert und tausend Jahre alt!
Es gibt einige Plastiken und Vasen, die die Leute nicht mehr benutzen, aber sie sind sehr kostbar. Es gibt noch ein anderes Museum mit Gemälden, alten Schuhen und antiken Kleidern. Das hat einen Raum mit Waffen und Rüstungen und einen mit Schätzen. Das ist die Parmeggiani-Galerie.
Sie hat einen spitzen Turm mit einem besonderen Fenster mit zwei Öffnungen – es ist ein Fenster, das wie eine Kuppel gebaut ist. Es ist offen und in zwei Hälften geteilt. Auf dem Dach gibt es noch ein paar Monster und über der Regenrinne einen Drachen.

ANTONIO

Die Theater

In Reggio gibt es zwei Theater: das Ariosto-Theater und das Stadttheater, das ein paar schöne Säulen hat! Sie sind so dick, dass man zu dritt sein muss, wen man sie umarmen will! Die Leute sind wirklich überrascht, wie schön das Theater ist! Es ist wie eine Vision, es ist wundervoll! Ich denke, es ist das Schönste, was wir im Stadtzentrum von Reggio haben.

Es ist schön wegen der Säulen und der Plastiken und auch wegen des Brunnens mit den Fischen darin. Und auch, weil es drin Vorstellungen gibt. Du siehst, es ist wirklich ein Theater, denn die Figuren stellen ein Stück dar, das sie vor langer Zeit aufgeführt haben. Die Säulen bilden einen Gang, in dem du dein Fahrrad abstellen kannst. Wenn du eine Vorstellung sehen willst, gehst du dorthin, stellst dein Fahrrad ab, und dann gehst du und schaust dir die Aufführung an. Nach der Vorstellung, wenn du raus kommst, nimmst du dein Fahrrad und fährst nach Hause.

Das Theater ist wie ein Schiff, wie die Titanic. Es hat fünf Ebenen, und ganz unten kannst du sicherlich tausend Menschen unterbringen. Das Theater hat eine Form – du kannst nicht genau sagen, welche. Es ist aus Gold, mit Engeln, die goldene Trompeten haben. Es gibt einen Kronleuchter, der sieht aus wie ein Kreisel mit vielen Spitzen, die sind grün, rot, blau, violett... Es ist gigantisch! Alles aus Kristall! Und da ist auch noch eine goldene Uhr!

Und die Decke ist der schönste Teil, denn sie ist überall dekoriert und aus Gold gemacht. Es sieht aus, als wäre sie aus Gold und dem Kronleuchter zusammengesetzt. Dann gibt es die Königsloge – sie ist wunderschön! Sie ist in der Mitte, genau in der Mitte! Sie ist überall golden und hat eine wunderbare Tür. Von hier aus siehst du alles. Das Theater ist wirklich groß; es berührt die Wolken.

Es ist frisch...,   ein Fresco...

Die Farbe ist immer frisch.

Weißt du, warum diese Bilder Frescos sind?

Weil sie im Himmel sind,

und der Himmel ist frisch.

Wie man sehen kann, ist die Welt eine nie beendete Skizze.
Immer frech und wunderbar frisch.

Loris Malaguzzi

Denn der Samt *verspricht*,

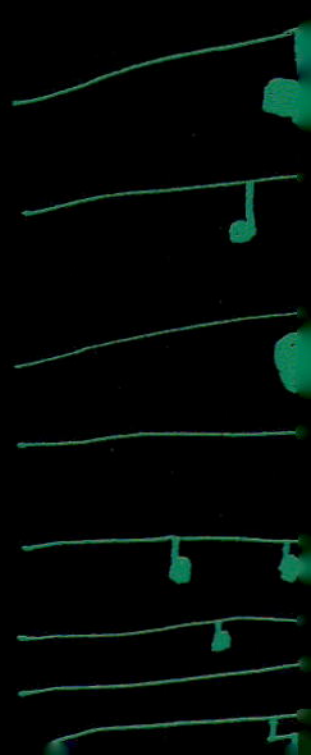

dass du Musik hören wirst.

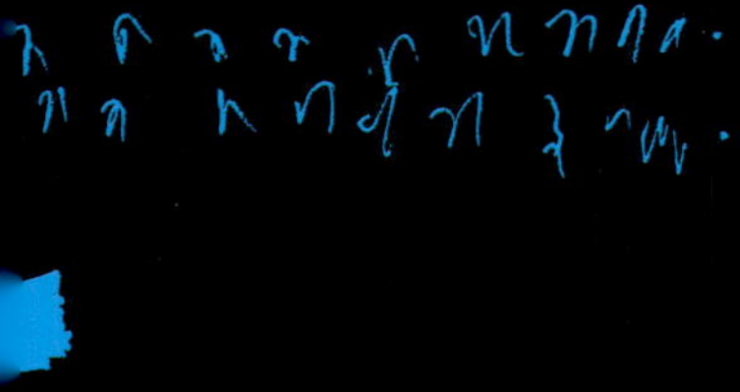

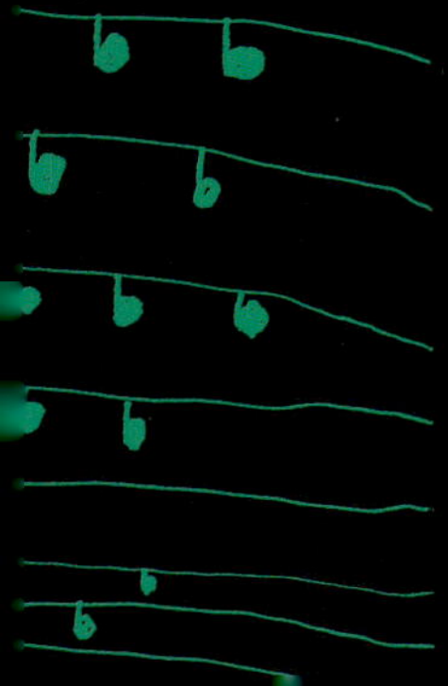

Nachts ist Reggio wunderschön,
denn sie schalten die Straßenlaternen an, die wie viele Sonnen aussehen,
weil du die Masten nicht siehst.

In Reggio gibt es nicht nur die Stadt, die du sehen kannst, sondern auch eine versteckte.

In Reggio gibt es nicht nur...

Unter der Stadt gibt es eine andere. Sie ist überall, denn die Gullys sind überall.

Unter der Stadt gibt es auch Feuer, denn es ist heiß unter der Erde. Wenn du nach unten gehst und Spuren legst, kannst du den Weg bis nach Afrika gehen oder zum Nordpol!

Unter der Erde ist Dunkelheit, nur dunkle Erde. Du musst wirklich mutig sein, um unter der Erde herumzugehen. Sieh dich um! Da ist Wasser – es ist wirklich tief. Um hinunterzusteigen, brauchst du eine lange Leiter. Vielleicht sind da Geister... Sie kommen nur im Dunkeln aus den Gullys, in der Nacht! Dann bringen die Engel alles in Ordnung... Insekten, Spinnen, Ratten und Mäuse, die auf den Wurzeln kauen... Geister, Monster und Teufel... Ich weiß, es gibt Städte, wo Autos und seltsame Züge durch einige Tunnel fahren. Das ist die Untergrundbahn, ein Zug, der schnell unter der Erde fährt. Unter der Untergrundbahn sind die Geister,

und noch weiter unten  sind die Teufel. Aber nicht in Reggio, hier gibt es keine Untergrundbahn, sondern nur den Bus... Unter unserer Stadt gibt es auch römische Ausgrabungen. Einige Felsen mit Skeletten aus einer Zeit, die lange, lange zurückliegt, 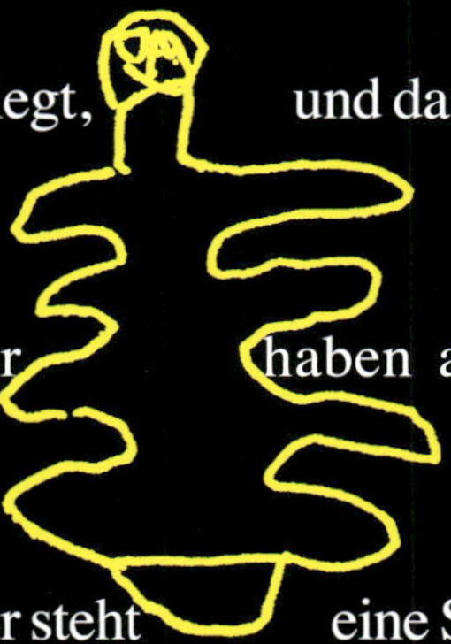 und das Grab eines Königs mit seinen Schätzen. Ich habe sie im Museum gesehen! Wir haben an der

Kunstschule angefangen. Das ist ein Gebäude, das weiß wie Milch ist, und davor steht eine Statue.

Die versteckte Stadt beginnt hier. Von unten können wir die Stadt darüber sehen. Das ist wie das Wunder des Gegenteils: Zuerst sehen 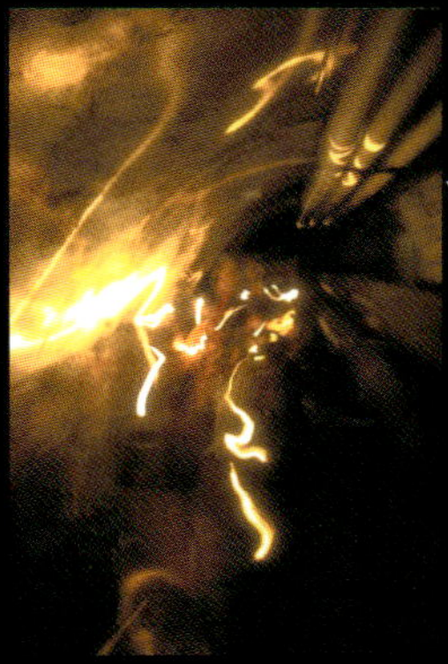 wir die unterirdische Stadt vom Gully aus, dann können wir die Stadt oben sehen. Du brauchst eine Taschenlampe, denn es ist dunkel hier...

Ich trage Knoblauch am Hals, damit die Geister wegrennen! Ich war ziemlich aufgeregt und etwas ängstlich, hier runterzugehen, aber dann war ich mutig! Als ich hinunterging, dachte ich an die Geister – uuuh!  Ich hatte Angst! Die Decke war ganz uneben, und die Wände sind wirklich schmutzig. Da unten hörst den Klang unserer Schritte: bumm, bumm.

Unter der Stadt ist der Boden, sind die Wurzeln und die Fundamente, die all die Häuser und die ganze Stadt aufrecht halten. Röhren sind darunter – es sind Hunderte! Die Röhren sind für die Stadt sehr wichtig, denn wenn sie nicht da wären, könnte die Stadt nicht leben. Es gibt Röhren für Wasser, Röhren für Abwasser, für Gas und Strom, mit vielen Leitungen, durch die der Strom hindurchfließt. Das Wasser kommt aus dem Untergrund, aus einem Wasserbecken, das ein gigantisches Ding ist und all das Wasser enthält. Dann läuft das Wasser in die Röhren, und die Röh-

ren bringen es zum Wasserhahn. Um es in die Häuser zu bringen, gibt es eine Pumpe, die es kräftig in die Wasserhähne drückt, und dann nehmen es die Damen und benutzen es, um damit zu zu kochen. Das gute Wasser zum Trinken läuft durch diese Röhren. Das Schmutzwasser kommt aus der Toilette und läuft in die Abwasserröhren, die es, denke ich, zu einem Ort bringen, wo es gereinigt wird... Unter der Stadt läuft auch das Gas durch, das ist eine Art Luft. Es kommt von den Kanälen, und man kann es nicht sehen, denn es ist unsichtbar wie die Geister.

Historische Anmerkungen

Die Via Emilia

Der Ursprung als richtiges Stadtzentrum ist mit dem Bau der Straße Via Emilia und der Römischen Kolonisierung der Cisalpina (Gebiet südlich der Alpen) verbunden. Der Name der Stadt, Forum Lepidi, stammt wahrscheinlich von Marcus Aemilius Lepidus, der für den Bau der Straße verantwortlich war.
(...) Die Gründung von Reggio Emilia kann auf die Jahre zwischen 182 und 174 vor Christus zurückdatiert werden.

Maria Luigia Pagliani
Reggio Romana
In: Festanti, M./Gherpelli, G. (Hrsg.): Storia Illustrata di Reggio Emilia
(Illustrierte Geschichte von Reggio Emilia)
AIEP, San Marino, 1987

Die Säulengänge

Es gibt sie wegen des Wetters, heißt es! Ich glaube das nicht, denn das Wetter ist in vielen Gegenden regnerisch, in denen es nicht die geringste Spur von Säulengängen gibt oder in denen Säulengänge kein integraler Bestandteil der urbanen Struktur und des städtischen Lebens sind.
(...) Der Säulengang ist der Teil des Hauses, den wir denjenigen anbieten, die kein Haus haben: Er ist das Haus, das nach einer greifbaren Beziehung mit der Straße und der Piazza sucht. Andererseits ist er die Straße, die ein Stückweit ins Haus hineinkommt.
(...) Unter den Säulengängen, gezeichnet von den schrägen Strahlen der Sonne, die so gerade wie Säbelhiebe verlaufen oder in Nebel gehüllt sind, trifft man sich. Man erledigt Geschäfte oder geht spazieren (...). Es gibt auch Gewölbe, die über die Straße führen, von Haus zu Haus, fast wie ein Bund der Solidarität oder gegenseitigen Unterstützung.

Alcide Spaggiari
La civiltà dei Portici
(Die Kultur des Portikus)
In: Il Pescatore Reggiano
(Der Fischer von Reggio)
Bizzocchi Editore
Reggio Emilia, 1993

Das Rathaus

Die Geschichte der Bevölkerung Reggios ist eine Geschichte von Rebellen (...). Vier Jahrhunderte lang beherrscht von der Familie Este, hegte die Stadt verdeckten Groll gegen den Herrscher, der in Modena residierte (...).
Italiens Vereinigungs- und Unabhängigkeitsbewegung Risorgimento öffnete dem Volk die Türen der Stadtregierung. Schließlich können wir mit Befriedigung feststellen, dass die meisten Ereignisse der vergangenen Jahrhunderte im „Haus der Gemeinde“ stattfanden, in genau dem Rathaus, das – wenn auch nicht überreich mit Kunstwerken ausgestattet – die Unruhe des einfachen Lebens widerspiegelte und das Volk zu leidenschaftlichen Aktionen inspirierte, so dass es sich vervielfachte und vorankam.

Ugo Bellocchi
Il Palazzo del Commune di Reggio Emilia
(Das Rathaus von Reggio Emilia)
Bizzocchi Editore
Reggio Emilia, 1970

Das war noch nicht alles, denn der Kongress bestärkte das Gefühl von Übereinstimmung und Unabhängigkeit. In einem denkwürdigen Akt beschloss er am 7. Januar 1797, die Wahrzeichen der Republik zu errichten, also „die Fahne und das Cispadana-Banner mit den drei Farben Grün, Weiß, Rot und dem Köcher als allgemeingültig einzuführen“. (...)
Seit diesem Tag symbolisieren die drei Farben bei verschiedenen Anlässen Italiens Einheit und Unabhängigkeit.
Reggio war und wird immer stolz auf die Ehre sein, erster Sitz eines Italienischen Parlaments und Wiege der italienischen Trikolore gewesen zu sein.

Andrea Balletti
Storia di Reggio nell`Emilia
(Geschichte Reggio Emilias)
Bonsignori Editori, Rom 1993
(Nachdruck der Ausgabe von 1925)

Die Statue des Crostolo-Flusses

Nachdem die Fassade des Del-Monte-Gebäudes mit dem Ausblick auf die Piazza Grande geschmückt worden war, wurde die Statue des Crostolo am 14. April 1802 über dem öffentlichen Brunnen errichtet, dort, wo die Freiheitsstatue eine Zeitlang gestanden hatte.
(...) Die Crostolo-Statue kam aus den Gärten von Delizie di Rivalta, wo sie neben zwei anderen Plastiken, die die Flüsse Secchia und Panaro darstellten, einen großen Brunnen geziert hatte. Bernardino Lelli (...) stiftete die drei Figuren der Gemeinde. Sie entschied, dass die Secchia- und Panaro-Plastiken außerhalb der Porta Castello die Brückenflügel am Fluss schmücken sollten, während die dritte Statue auf die Piazza Grande gebracht wurde, um über dem Brunnen zu stehen.

Andrea Balletti
Storia di Reggio nell`Emilia
(Geschichte Reggio Emilias)
Bonsignori Editori, Rom 1993
(Nachdruck der Ausgabe von 1925)

Mit den beiden anderen Plastiken (die Panaro- und die Secchia-Plastik, die nun an der Crostolo-Brücke auf der Piazza Lepanto stehen) schmückte die Crostolo-Figur die Gärten des Herzogspalasts in Rivalta.
Als Bernardino Lelli, der die Villa und den Park gekauft hatte, die Kunstwerke der Gemeinde übergab, wurde die Crostolo-Plastik 1802 über dem Brunnen auf der Piazza platziert. Die Skulptur, die nach Dokumenten des herzoglichen Parks 1754 entstand, ist vermutlich ein Werk Giovanni Battista Bologninis (1698-1760).

Massimo Pirondini
Reggio Emilia. Guida storico-artistica
(Reggio Emilia. Geschichte und Kunst)
(Reggio Emilia: Historischer Kunstführer)
Bizzocchi Editore

Die Kathedrale

Es heißt, die Kathedrale sei ursprünglich vom Bischof Sigifredo im 9. Jahrhundert erbaut worden. Der obere Teil der Fassade ist romanisch, der untere Teil zeigt eine unvollendete Marmorverkleidung aus dem 16. Jahrhundert. Vor dem Oberlicht steht die vergoldete Kupferstatue der Madonna, ein Werk von Bartolomeo Spani aus dem Jahre 1522.

Mauro Tedeschini (Hrsg.)
Atlante Emiliano (Atlas Emilias)
Poligrafici Editoriale
Bologna, 1992

Die vergoldete Madonna

In Reggio behauptete der Kathedralenplatz seine Position in den mittelalterlichen Grenzen der Stadt. Wie in den vergangenen Jahrhunderten steigen die Schatten der gegenüberliegenden Gebäude auch heute langsam an der Fassade der Kathedrale empor und verweilen auf dem alten Putz, wenn die Sonne untergeht.
(...) Weiter oben zeigt sich das vergoldete Bild der Madonna, die nie schöner ist als zu der Stunde, in der die Dunkelheit der Nacht heraufzieht.

Nerio Artioli
La Madonna dorata della Cattedrale di Reggio Emilia
(Die vergoldete Madonna der Kathedrale von Reggio Emilia)
Reggio Emilia, 1959

Die Basilika von San Prospero

Das Haus des Heiligen Prospero verdankt seine Schönheit nicht nur seiner Architektur, seinen Fresken und Gemälden, die trotz der Überführung einiger Meisterstücke ins Ausland noch im Überfluss vorhanden sind, es bewegt die Seele vielmehr als Ort der Erinnerung, als Kristallisationspunkt von Gefühlen und Archetyp eines Territoriums und seiner Gemeinschaft.

Graziella Buccellati (Hrsg.)
La Basilica di S. Prospero a Reggio Emilia
(Die Basilika von San Prospero in Reggio Emilia)
Franco Maria Ricci Editori
Mailand, 1977

Die Löwen von San Prospero

Seit Jahrhunderten lagern sechs trefflich angeordnete und kraftvoll gestaltete Löwen aus Verona-Marmor auf den obersten Stufen vor der Basilika San Prospero. Die Kirche, ursprünglich im 10. Jahrhundert von Bischof Teuzone geweiht, wurde mehrmals restauriert, bevor sie zu Beginn des 16. Jahrhunderts wegen ihres altersbedingten Verfalls und des drohenden Zusammenbruchs der Grundmauern neu aufgebaut wurde. Mit erhobenen Köpfen stützen sich die Löwen auf ihre Klauen, als wollten sie gegen Regen und Schnee ankämpfen. In ihrer unbeweglichen und unerschütterlichen Haltung wirken sie wie mystische Wächter und gleichen den Monumenten der Pharaonen, die deren Bauwerken ebenso viel Majestät und Würde verleihen wie die Löwen der Basilika San Prospero.

G. Saccani
I Leonie della Reggia di San Prospero
(Die Reggio-Löwen von San Prospero)
In: La Provincia di Reggio
(Die Provinz von Reggio)
Juni 1929

Sicherlich sind die Löwen eine Familie. Es sind zwei erwachsene, zwei mittelgroße und zwei kleine Löwen. Sie haben alle den gleichen grimmig-finsteren Ausdruck, die gleiche gelassen-geschmeidige Haltung. Alle halten eine Beute, die ihren jeweiligen Körpergrößen entspricht, zwischen ihren Vorderpfoten. Alle stellen ihre Schwänze stolz zur Schau, die sich um die Lenden legen und in feinen Haarbüscheln enden. Die Löwen wurden von der Hand eines Künstlers gestaltet, geadelt und idealisiert, der in der Art Michelangelos arbeitete. Da sie uns seit unserer frühen Kindheit vertraut sind, lieben wir sie trotz ihrer bedrohlichen Grimassen sehr.
(...) Als Kinder ritten wir auf den Löwen von San Prospero, um zu sehen, wie der Bischof am Tag des Heiligen aus der Pontifikalmesse kam. Wir ritten auf den steinernen Wächtern des Stadtparks, den eisernen Gittern der Säulengänge von San Pietro und auf den Löwen von San Prospero wie auf Turngeräten, die sich auf den Straßen zwischen unseren Häusern und dem Kindergarten verteilten.

Giulio Fornaciari
La fontanella – Momenti die vita reggiana
(Der kleine Brunnen – Momente des Lebens in Reggio)
Bizzocchi Editore
Reggio Emilia, 1979

Der Marktplatz

Der San-Prospero-Platz ist eine kleine Welt für sich, voller Menschen und Dinge in Bewegung, wie eine Art improvisierte Theaterbühne. Zuerst leer und still, beginnt der Platz morgens gegen 7.00 Uhr zu leben, entwickelt ein rhythmisches Crescendo von Bewegung und Stimmen, das die Luft mittags vollkommen gesättigt hat. Dann kehrt er zur schläfrigen Ruhe des Nachmittags zurück.

Maria Fangareggi
Piazza San Prospero: il cuore laborioso della nostra città
(Die Piazza San Prospero: Das arbeitende Herz unserer Stadt)
Gazzetta di Reggio, 1. Mai 1961

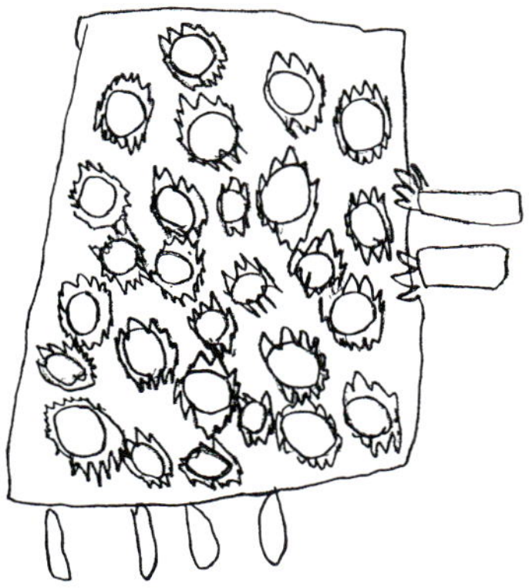

Die Cappelletti*

Cappelletti, gebacken im Ofen, mit geräuchertem Fleisch: Das sind schon fast Kultobjekte. Mehr noch als in Parma wird man in Reggio Zeuge eines kulturellen Phänomens und eines Phänomens der Erinnerung, ähnlich dem, auf das ich in England traf und das sich dort auf das Shakespeareschen Theater bezog. Wie in England, wo alte Leute sich eine „Hamlet"-Aufführung anschauen und sie mit Dutzenden anderer „Hamlets" vergleichen, die sie in ihrem Leben sahen, wird in Reggio jeder Teller voller Cappalletti mit all den Cappalletti verglichen, die man seit Jahren aß. Man hört zum Beispiel: „Sie sind gut, aber in dem und dem Haus habe ich vor 20 Jahren viel bessere gegessen." Und dann werden alle Gründe dafür aufgezählt.

Guido Piovene
Viaggio in Italia
(Reise durch Italien)
Mondadori, 1957

* (Anmerkung der Übersetzer: Cappelletti sind kleine, wie ein Dreispitz geformte, mit Fleisch und Käse gefüllte Nudeln, die typisch für Reggio Emilia sind.)

Die öffentlichen Gärten

Der Plan für die öffentlichen Gärten wurde um 1850 von dem Ingenieur Giuseppe Balzaretti entworfen. Sie sollten dort entstehen, wo die alte Zitadelle stand. In den Gärten stehen zahlreiche Statuen und Büsten bedeutender Persönlichkeiten der Region sowie vier Skulpturen aus der Villa des Herzogs von Rivalta, die die Jahreszeiten darstellen. Sie ergänzen das Concordae-Monument (1. Jahrhundert nach Christus), das in Boretto gefunden und in den Gärten wieder aufgebaut wurde.

Laura Bedini und Giuseppe Adriano Rossi
Reggio Emilia e Provincia
(Reggio Emilia und die Provinz)
Italcards Editori, Bologna, 1990

Die Stadtmuseen

Das Hauptgebäude der Stadtmuseen war einst ein Kloster des Franziskanerordens, das dem Orden im Jahre 1255 vom Bischof Reggio Emilias übergeben wurde. Das Gebäude wurde 1421 grundlegend erneuert und in der ersten Hälfte des 18. Jahrhunderts noch einmal umgebaut. Nach 1798 wurde das Gebäude für verschiedene Zwecke genutzt, bis die wissenschaftliche Sammlung des Naturforschers Lazzaro Spallanzani im Jahre 1830 dort untergebracht wurde. Neuerwerbungen erweiterten später den ursprünglichen Kern der Städtischen Museen.

Laura Bedini und Giuseppe Adriano Rossi
Reggio Emilia e Provincia
(Reggio Emilia und die Provinz)
Italcards Editori, Bologna, 1990

Massimo Pirondini
Reggio Emilia. Guida storico-artistica
(Reggio Emilia. Geschichte und Kunst)
(Reggio Emilia: Historischer Kunstführer)
Bizzocchi Editore
Reggio Emilia, 1982

Die Parmeggiani-Galerie

Die Ausstellungsstücke der Galerie (darunter Gemälde, Waffen, Kostüme, Textilien und Schmuck) wurden vor allem in den ersten drei Dekaden des 19. Jahrhunderts von Leon y Escosura gesammelt, einem Antiquitätenhändler in Paris, der durch familiäre Beziehungen und seine Arbeit mit Louis Marcy verbunden war, dem berühmten Hersteller von Gegenständen im Stil des Mittelalters und der Renaissance. Später wurde die Escosura-Sammlung Eigentum Luiggi Parmeggianis, der sie bei seiner Rückkehr nach Italien im Jahre 1924 in dem einmaligen Gebäude unterbrachte, das eigens für diesen Zweck von Asciano Ferrari im eklektizistischen Stil entworfen worden war.
Das Maurische Portal stammt aus dem 15. bis 16. Jahrhundert.

Laura Bedini und Giuseppe Adriano Rossi
Reggio Emilia e Provincia
(Reggio Emilia und die Provinz)
Italcards Editori, Bologna, 1990

Massimo Pirondini
Reggio Emilia. Guida storico-artistica
(Reggio Emilia. Geschichte und Kunst)
(Reggio Emilia: Historischer Kunstführer)
Bizzocchi Editore
Reggio Emilia, 1982

Das Ariosto-Theater

Das älteste Theater der Stadt wurde früher „Theater der Zitadelle" genannt, weil es in der Nähe der alten Festung errichtet worden war. Nach Entwürfen des Architekten Antonio Cugini im Jahre 1740 gebaut und bei einem Brand 1851 teilweise zerstört, wurde es 1878 wieder als Theater in Betrieb genommen und 1927 vollständig restauriert.

Laura Bedini und Giuseppe Adriano Rossi
Reggio Emilia e Provincia
(Reggio Emilia und die Provinz)
Italcards Editori, Bologna, 1990

Massimo Pirondini
Reggio Emilia. Guida storico-artistica
(Reggio Emilia. Geschichte und Kunst)
(Reggio Emilia: Historischer Kunstführer)
Bizzocchi Editore

Das Romolo-Valli-Stadttheater

„Das Stadttheater von Reggio Emilia, ursprünglich Neues Gemeindetheater genannt, kann als eines der hervorragendsten Provinztheater der Welt betrachtet werden."
Diese Einschätzung gab die Londoner „Times" am 30. Januar 1961.
Man kann sich darüber wundern, dass ein so grandioses Gebäude in einer so kleinen Stadt errichtet wurde, die zur Zeit des Baus (1857) nicht mehr als 40 000 Einwohner hatte. Um dieses scheinbare Missverhältnis zu verstehen, muss man sich kurz der Geschichte der Stadt und der Region zuwenden.
Tatsächlich ist die Region Emilia reich an schönen Theatern, denn das Land war bis weit in die Renaissance hinein in kleine Fürstenhöfe geteilt. Die Fürsten wetteiferten um Pracht und Generosität, besonders auf dem Gebiet des Theaters, und zwar nicht nur der höfischen Rivalität wegen, sondern weil das Theater der Leidenschaft ihrer Untertanen für Musik entsprach. In Reggio, nicht einmal die Hauptstadt des Herzogtums, war diese Begeisterung besonders ausgeprägt. Tatsächlich hatte die Stadt seit dem 16. Jahrhundert mehrere Theater, private und öffentliche, kirchliche und weltliche. Natürlich waren sie den Aristokraten vorbehalten, die nicht nur die Vorstellungen organisierten, sondern auch als Darsteller und Bühnenbildner mitwirkten.
Die Bürger hingegen amüsierten sich auf den Straßen und Plätzen vor improvisierten Bühnen, auf denen Schauspieler und Akrobaten Kostümstücke und religiöse Dramen aufführten.
(...)
Am 21. April 1851 zerstörte ein gewaltiges Feuer kurz vor Mitternacht das Theater der Zitadelle. Das geschah nach einer Probe, mit der sich das Theater auf die neue Festsaison vorbereitete, die am 29. April (das Jubiläum des Wunders der Madonna von Ghiara) beginnen sollte.
Die Ursache des Brandes wurde nie ermittelt, und Vermutungen nahmen zu. Die ganze Stadt war von solch einer Verzweiflung erfüllt, dass keine Vorstellungen während des einmonatigen Festes gegeben wurden, obwohl sich zahlreiche auswärtige Gäste und Mitglieder des Königlichen Hofes daran beteiligten. Folglich begann die Gemeinde – genauer: der Stadtrat unter Führung seines Vorstehers, des Grafen Carlo Ritorni – über den Bau eines neuen Theaters nachzudenken, das später „Stadttheater" genannt wurde.
In einer örtlichen Chronik ist zu lesen:
„Am 19. Mai 1851 beschloss der Rat endlich, Herrn Cesare Costa, einem der bekanntesten Architekten dieser Zeit, einen Auftrag zu erteilen. Um die Kosten nicht zu überschreiten, wurde der Beschluss gefasst, auf dem Gelände des alten Theaters zu bauen, das durch den Kauf einiger umliegender Häuser erweitert wurde. Bevor der Sommer begann, lieferte Herr Costa den Autoritäten der Stadt den Entwurf des neuen Gebäudes. Im Sommer begannen die Ausschachtung der Baugrube und die Errichtung des Fundaments. Die Arbeiten dauerten fast fünf Jahre, also von 1852 bis 1857. Das letztere Jahr war das Jahr der Wiedereröffnung."
(...)
In der Zwischenzeit wurde eine Anzahl kleiner Theater auf Privatinitiative von Bürgern hin erbaut – ein Beweis für die Theaterbegeisterung der Bewohner Reggios.
(...)
„Endlich brach der Abend des lang erwarteten Tages an. Jeder brannte vor Neugier und glühte vor Freude am Genuss, am Betrachten und Bewundern des luxuriösen Gebäudes, das von den wenigen, die es schon während der Bauzeit betreten durften, gerühmt wurde. Da alle wussten, dass das Theater Schätze, üppige Teppiche und Gold beherbergte, erwarteten sie das Nonplusultra einer von Menschenhand geschaffenen Pracht. Um das Theater drängten sich die Bürger der Stadt und Gäste von außerhalb, die all denen, die nicht zugegen sein konnten, aber auf Neuigkeiten gespannt waren, die frohe Kunde des großartigen Spektakels überbringen sollten."
(...)

Anna Maria Parmeggiani und Giannino Degani
Il Teatro Municipale di Reggio Emilia
(Das Stadttheater von Reggio Emilia)
Herausgegeben vom Management
des Stadttheaters in Reggio Emilia, 1972

Städte sehen aus wie ein Kreuz. Das ist so, damit du hierhin und dorthin, nach oben und nach unten gehen kannst.

Essays

Beim Laufen lernst du, beim Lernen läufst du

Sandra Piccinini

Stadträtin für Kultur und Bildung, Stadt Reggio Emilia

Mit Worten und Bildern in der Stadt spielen – gesehen mit den wachen und neugierigen Augen kleiner Kinder. Der „Reggio Tutta"-Stadtführer, den die Kinder von Reggio Emilia in spielerischer Arbeit für uns gestaltet haben, umfasst die Geografie und die Landschaft, die zu ihrem Alter gehören, hier und jetzt. Es ist eine Art „warme" Geografie, die die Gefühle und den Reichtum der Existenz der Kinder auf dieser Erde – in Beziehung zu anderen Menschen – einschließt, jenseits quantitativer Daten.

Dadurch bekommen wir Erwachsene in „Reggio Tutta" ein Bild der Stadt, das einen Ort kontinuierlicher Kontakte und Bewegungen porträtiert.

Wir wollen diese Kinderworte unterstreichen, denn sie enthalten so viel Weisheit, die wir Erwachsene oft vergessen. Der Entwicklungsstand kleiner Kinder ermöglicht es ihnen tatsächlich, unvorhersehbare Aspekte des alltäglichen Lebens zu erfassen.

Für die kleinen Kinder bedeutet „bewohnen", im Schutz ihrer Häuser zu verweilen, immer dicht an den Orten, die ihnen am meisten vertraut sind, und ihre eigene Existenz in der Welt klar wahrzunehmen. Die Empfindung, an einem Ort zu sein, hier zu sein, ist eine wunderbare Erfahrung, die den ganzen Körper der Kinder erfasst, ohne Herz und Verstand voneinander zu trennen.

Für die Kinder ist die Karte von „Reggio Tutta" etwas, das man berühren, riechen, schmecken und begehen kann – in den verschiedenen Rhythmen des Laufens und Gehens, selbst „auf den Zehenspitzen". Wieder auf die unterschiedlichen Temperaturen der Dinge zu achten..., zu wohnen, im Vertrauen auf die Anwesenheit von Menschen und Dingen oder in Furcht davor.

Die Kinder haben eine Reise unternommen, eine Reise des Lebens. Wie bei jeder Reise ist es die überraschende Entdeckung von Weg und Ziel, die uns anzieht.

Es ist ein Weg, auf dem man anhalten kann (während der gedankenreichen Pausen und der Aktion der Kinder). In ihren Augen und Körpern Ziel und Weg zugleich, ermöglicht die Reise es, eigene Spuren zu hinterlassen.

Diese Kinder, dicht an ihrem *Ursprung*, fragen sich nach dem Ursprung der Welt, der Stadt und danach, wo diese Stadtwelt „beginnt und wo sie aufhört". Ihr Sein *in der Welt* ist in sich räumlich: Physisch existieren sie in einer Welt, die sich innerhalb einer Grenze öffnet, sich verändert und jeden Tag mit ihnen wächst.

Jungen und Mädchen entdecken ihre aktiven Körper, ihre Wahrnehmungen, die in der Begegnung mit der Stadt erwachen, sie entdecken Orte, die offen oder verschlossen sind, konkret oder virtuell: Auf alltäglichen Wegen gelangen sie vom Auto zum Haus, von der Schule zum Supermarkt, von der Straße zu den Plätzen, zu den Himmeln des Tages und der Nacht... Sie kommen vom Video über das Radio zum Telefon – für sich allein und in Gemeinschaft. So nehmen sie mit ihren Altersgenossen und den Erwachsenen am täglichen Leben teil, das für sie immer neu ist.

Für die Kinder ist die Stadt vor allem ein existentieller Ort, an dem die eigene Identität sich entwickelt – in beziehungsreichen Erfahrungen mit Dingen und anderen Menschen. Die Stadt, die Straßenecke und das Haus sind die Welt.

Die Kinder machen uns deutlich: Wenn wir uns bewegen, verändert sich der Horizont, und unsere Worte verändern sich auch – die Worte von Erwachsenen und Kindern, die täglich miteinander in Kontakt sind, Worte, die die Grenze der Sprache zeigen, Worte, die die Welt begrenzen.

Kinder haben eine Art, uns etwas über die Welt mitzuteilen, die reicher ist, weniger begrenzt. Ein großes Potenzial wird mit der „Ankunft" jedes Kindes in der Welt mobilisiert, ein Potenzial, von dem Erwachsene wissen müssen, wie man es hegt und pflegt. *Kinder haben 100 Sprachen*, aber wenn sie älter werden, werden ihnen 99 wieder genommen.

Nicht nur die Schule, die der erste Ort des Lernens und Wachsens ist, sondern auch die Stadt muss ihnen das Recht auf diese verleugneten Sprachen und ihre kulturelle Würde zurückgeben. Das ist durch konkrete Erfahrungen und theoretische Reflexionen möglich, die nicht nur um ihrer selbst willen dokumentiert werden, sondern auch für die Familien, für die Wissenschaft, für Menschen, die Städte planen, und für die, die sie regieren. So ist es vielleicht kein Zufall, dass dieser Stadtführer und der Stadtentwicklungsplan Reggio Emilias gleichzeitig erarbeitet wurden – von 1998 bis zum Beginn des Jahres 2000.

Wir sind stolz auf die Tatsache, dass hunderte Eltern, Lehrer, Erzieher, Frauen und Männer aus dem Bereich der Kultur und andere Bürger nicht nur an den Präsentationen und Diskussionen über den Stadtentwicklungsplan und die Kultur- und Bildungsprogramme der Stadt teilnahmen, sondern sich auch an diesem Stadtführer beteiligten, indem sie „die Karten neu mischten", mit wachem Blick für das Leben und Wachsen nach festen Prinzipien und mit Sinn für Verantwortung. Heute, im Zeitalter der sogenannten Informationsökonomie, in dem alle Entfernungen dank der Informationssysteme überwunden zu sein scheinen, werden Städte wie die unsere immer mehr zu Schlüsselzentren der Produktion, des Wohlstands und überschreiten die gegenwärtigen administrativen Grenzen. In Zukunft werden diese Grenzen so weit reichen, wie die Kinder und die junge Generationen sie vorausplanen.

Unser Dank gilt allen, die diesen Stadtführer ermöglicht haben, besonders den Kindern. Er gilt auch jenen, die – in Vergangenheit und Gegenwart – täglich für den Bestand einer außerordentlichen Erfahrung sorgen, die unser Reggio Emilia zu einer Weltstadt macht, einer Stadt, die in die Zukunft schaut, weil sie in Bildung investiert und damit bei ihren jüngsten Bewohnern beginnt. Denn Bildung macht den wirklichen Wohlstand eines Landes aus. *Gehen wir auf den Straßen von „Reggio Tutta" der Zukunft entgegen – Erwachsene und Kinder gemeinsam.*

Weltbürger*

Jerome Bruner

Psychologe, Ausbilder und Professor der Rechtswissenschaft

Ich fühle mich hoch geehrt, Ehrenbürger der Stadt Reggio Emilia zu werden, und ich danke Ihnen aus tiefstem Herzens. Meine Beziehung zu dieser Stadt begann als Liebe auf den ersten Blick. Schon nach meinem ersten Besuch schrieb ich in „La Repubblica", dass Reggio das „Wunder einer kleinen Stadt" ist.
Das heißt: Reggio ist klein genug, um Selbstbewusstsein zu haben. Die Stadt hat einen tiefen Sinn für ihre eigene Reggio-Identität. Sie hat sich eine Art jugendlichen Stolz auf ihre lange Vergangenheit bewahrt: das Jahrtausend des Heiligen Prospero mit seinen adretten, jungen Löwen, die frisch restauriert sind!
Hier herrscht der Geist der Generosität.
Viele Jahre, bevor ich hierher kam, hatte ich schon von Reggio gehört, denn seine städtischen Krippen und Kindergärten waren lange vor meinem ersten Besuch ihrer Qualität wegen berühmt. Doch was ich hier entdeckte, überraschte mich trotzdem. Nicht nur, dass die berühmten Häuser ihren weltweiten Ruf verdienten, sie haben geheime Qualitäten, die man nur entdeckt, wenn man herkommt und sie an Ort und Stelle, in situ, sieht. Denn diese wunderbar kreativen Kindergärten existieren nicht in einem Vakuum. Sie sind Teil und Ausdruck einer wunderbaren kleinen Stadt.
Reggio Emilia, wenn man es kennen lernt, ist eine Stadt, die stolz auf ihre Gemeinschaft ist. Es ist eine Stadt, deren Bewohner einander respektieren, eine Stadt, die darauf setzt, Intelligenz und Leidenschaft zu nutzen, um die Probleme der Gemeinde zu lösen, und die vor allem fest an Qualität glaubt. Mir wurde dieses Reggio-typische Herangehen an kommunales Leben schnell bewusst, denn ich hatte das Glück, nicht allein die Repräsentanten der Stadt zu treffen – ihre Bürgermeisterin, Antonella Spaggiari, die

Stadträtin für Kultur und Bildung, Sandra Piccinini, und Mitglieder des Stadtrats –, sondern auch einfache Bürger, die man im Laufe eines Tages trifft. Überall fand ich diesen Stolz. Das erinnerte mich ein wenig an New York: Die New Yorker sind stolz darauf, Bürger der größten GROSSEN Stadt der Welt zu sein. In Reggio Emilia sind sie stolz darauf, Bürger der größten KLEINEN Stadt der Welt zu sein!
Was ist Reggio? Reggio Emilia ist vor allen Dingen lokal und hat seinen eigenen Stil. Jede Gemeinde hat ihren eigenen Stil; jeder Ort formt die Gemeinde entsprechend dem eigenen Stil und dem eigenen Leben.

Auch in New York gibt es ein New York, das nicht imitiert werden kann – es gibt nur ein London, nur ein Paris, nur ein Reggio Emilia. Jeder Ort sollte seinen eigenen Stil finden und seine eigene Besonderheit entwickeln. Das große Problem besteht aber darin, man selbst zu sein, und wir ehren Reggio Emilia dafür, dass es das Geheimnis, Reggio zu sein, gefunden hat.

Reggio ist keine Kopie. Es ist eine Inspiration, man selbst zu sein, die eigene Besonderheit herauszufinden und zu vervollkommnen.
Natürlich kenne ich Ihre wunderbaren Kindergärten in Reggio besser als den Rest von Reggio. Aber ich glaube nicht, dass eine Gemeinde die „großartigsten Kindergärten der Welt" haben kann, ohne eine großartige und fürsorgliche Gemeinde zu sein. Ich bin sehr stolz darauf, neuer Bürger von Reggio Emilia zu sein.

Lassen Sie mich auch von meinen persönlichen Gefühlen sprechen, davon, was es bedeutet, über die Piazza Prampolini zu schlendern, die Löwen auf der Piazza San Prospero zu besuchen und mit Freunden Kaffee zu trinken. Ich muss Ihnen sagen, meine Damen und Herren, dass sich das für mich anfühlt, wie ZU HAUSE zu sein!
Das tiefste Geheimnis all dessen ist, dass Reggio es schafft, sowohl sehr lokal und einladend als auch sehr universell zu sein. So danke ich Ihnen dafür, mir eine neue Heimatstadt gegeben zu haben, und ich danke Ihnen auch dafür, dass ich mich wieder stärker als Weltbürger fühle.

Ich will versuchen, den hohen Standards gerecht zu werden, die man von einem Bürger dieser geliebten Stadt erwarten kann.

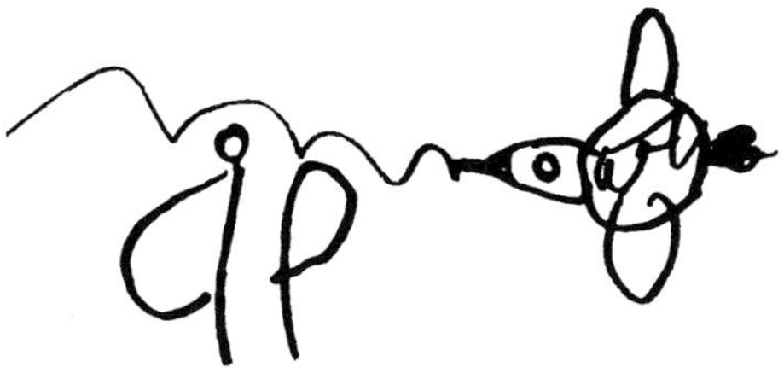

* Der Text ist eine Mitschrift der Erwiderungsrede Dr. Brunners anlässlich der Auszeichnung mit der Ehrenbürgerschaft durch die Bürgermeisterin und den Stadtrat von Reggio Emilia.

Kinder und Städte

Sergio Spaggiari

Direktor des Departments für Bildung, Stadt Reggio Emilia

IIn einem seiner Texte betrachtet der portugiesische Nobelpreisträger José Saramago den *Mythos der Höhle,* der in Buch VII von Platos „Republik“ dargestellt wird, und bringt ihn in einen Zusammenhang mit der modernen Zeit. In diesem Mythos vergleicht Plato den Erdenzustand der Menschen mit dem von Sklaven in einer Höhle, die die Welt durch die Schatten der äußeren Dinge erkennen, die auf die Höhlenwände projiziert werden. Die Menschen kennen und sehen keine wirklichen Dinge und Personen, sondern nur die Abbilder der Schatten, die durch das Licht von draußen gegen den Hintergrund geworfen werden.

Saramago behauptet, dass die modernen Menschen an der Schwelle zum Jahr 2000 unter den gleichen Bedingungen leben wie die Bewohner von Platos Höhle. Nach seiner Ansicht beschränkt sich die moderne Menschheit darauf, die Welt auf dem Bildschirm eines Fernsehgeräts zu sehen, der Bilder reproduziert, die die Wirklichkeit repräsentieren. Kurz: Die Menschen sind die Gefangenen der medialen Macht eines Bildschirms, der die Welt filtert und nur einen Schatten der Realität zeigt.

Dieses Argument ist eine Neuformulierung der These, dass die heutigen Erwachsenen und Kinder Gefangene einer durch die Fernbedienung kontrollierten Form von Erkenntnis sind, an der sie nicht aktiv teilnehmen. Diese These beruht auf der Überzeugung, dass Kindern der direkte Zugang zum wirklichen Leben in der Informations- und Computergesellschaft versagt bleibt. Ihre Lernprozesse werden über Bilder, Fakten und Stimmen konstruiert, die zu einer virtuellen Welt gehören, einer Welt, die nur eine simulierte Repräsentation der Wirklichkeit bietet. Diese suggestive und verstörende Ansicht ist es sicherlich wert, gehört und reflektiert zu werden, aber in ihrer radikalen und absoluten Version kann sie widerlegt werden. Eine klare und in sich geschlossene Widerlegung der neoplatonischen These liefert uns die Lektüre von „Reggio Tutta".

In diesem Buch zeigen die Kinder tatsächlich, dass ihr Verständnis von der Stadt durchaus kein Derivat einer virtuellen Abbildung oder bildschirmgefilterten, digitalen Vermittlung ist. Die Worte, Ideen und Interpretationen der Kinder, die auf diesen Seiten vorgelegt werden, sind ein klarer Beweis dafür, wie gut sie die Stadt kennen – aufgrund ihrer interaktiven Lebenserfahrungen und besonders durch den interpretierenden Filter der biografischen Geschichten, die sie erzählen.

Die Stadt, über die die Kinder sprechen, ist nicht die Stadt der Fernsehserien oder der klassischen Ikonografie der modernen Megastädte, es ist vielmehr die Heimatstadt, in der sie leben, die sie kennen und als eine Stadt beschreiben, durch die sie streifen und die sie erfahren haben.

Tatsächlich sind die materiellen und sensorischen Qualitäten der Stadt in den Geschichten und Zeichnungen der Kinder niemals verschwunden oder auf den zweiten Platz verwiesen worden. Diese Qualitäten scheinen gut erkannt und repräsentiert worden zu sein, sie sind wahrhaftig eine Quelle origineller und persönlicher Re-Interpretationen, in denen das Materielle und das Immaterielle in einem Dialog zwischen Realität und Vorstellung interagieren.

Schließlich dominieren alle physischen Komponenten der Stadt (Gebäude, Steine, Mauern, Farben, Gerüche…) die Texte der Kinder nicht so, wie man es erwartet hätte. Ich denke, in „Reggio Tutta" zeigt sich auch eine „unsichtbare Stadt", die aus Geschichte, gemeinsamen Werten, sozialen Institutionen, Lebensstil und vielen anderen nicht greifbaren Komponenten besteht. All dies beweist, wie gut die Kinder die Existenz einer „körperlosen urbanen Realität" erkennen, die für das Auge unsichtbar ist, nicht aber für den Verstand oder das Herz – und zwar deshalb, weil sie die wirkliche Seele der Stadt repräsentiert, ihre tiefste Identität.

Die wirkliche Identität einer Stadt ist in üblichen Stadtführern und Stadtplänen nur schwer zu erfassen. So wirkungsvoll sie die Realität auch fotografisch abzubilden suchen, sie sind fast immer außerstande, den vitalen Geist einer Stadt zu porträtieren. Deshalb kennt und schätzt jeder von uns Städte, obwohl er sie nicht besucht hat, sondern ihnen lediglich in Romanen, Gedichten oder Filmen begegnet ist.

Als Städte, die Wahrzeichen einer bestimmten Epoche, eines Gefühls oder Gesellschaftstyps sind, bleiben das Paris von Balzac oder Proust, das London von Dickens und das Dublin von Joyce unauslöschbar in die Erinnerungen vieler Leser eingebrannt. Selbst Manhattan, das Symbol der modernen Metropole schlechthin, brach vor allem dank der Filme Woody Allens, die uns befähigten, es in einem anderen Licht und in einer anderen Form wiederzuentdecken, aus diesem ikonografischen Stereotyp aus.

Es scheint, dass man über Städte, damit sie verstanden und geschätzt werden, besser in Geschichten sprechen sollte, als sie einfach zu beschreiben. Auch Reggio Tutta bricht diese Regel nicht: Ein Vorzug des Buches liegt darin, dass die Kinder die Stadt nicht nur in ihren Details beschreiben, sondern auch über ihren Charakter und ihre Natur sprechen. Die Kinder äußern sich über Orte, Gebiete und Wege so, dass viele Passagen den aufmerksamen Leser berühren. Dies ist kein Produkt erklärender „Bulimie" oder Detailbesessenheit, sondern vielmehr eine Demonstration dessen, dass Kinder den Reichtum und die Komplexität der Stadt auf eine seltene und nuancenreiche Weise erfassen. Mit den Kindern und ihren 100 Sprachen korrespondiert die Stadt der 1000 Gesichter und Seelen.

Was wir von der sorgfältigen Aufzählung der Plätze und Gebäude wahrnehmen, ist kein Stückwerk oder Blick auf Fragmente, keine „Stadt in Schnipseln". Die Kinder versuchen vielmehr, von dem eindimensionalen Bild der Stadt wegzukommen, indem sie deren Polyzentrismus, deren Heterogenität und multiple Identität unterstreichen und ihre Begründungen oder Erklärungen manchmal durch fantastische Bezüge auf imaginäre Orte verstärken. Tatsächlich stellen die Kinder uns in „Reggio Tutta" wirkliche Orte vor, die durch die schöpferische Kraft der Vorstellung verwandelt wurden. Wir müssen anerkennen, dass das Gesamtbild, das sich ergibt, dadurch nicht verfälscht, sondern vielmehr bereichert wird. Üblicherweise entwickelt die interpretierende Sicht derer, die die Stadt nicht als Touristen, sondern als Bewohner nutzen, Bezugspunkte, die stark in der Authentizität der Erfahrung wirklichen Lebens und in der Aufrichtigkeit wirklichen Gefühls verankert sind, selbst wenn sie nicht auf beschreibender Genauigkeit beruhen. Vielleicht hilft es in diesem Zusammenhang, uns ins Gedächtnis zu rufen, dass die Bakerstreet 201 in vielen Stadtführern Londons als Adresse von Sherlock Holmes genannt wird, der nie existierte – außer in den Romanen Sir Arthur Conan Doyles.

Das zeigt, dass jede Stadt ihre biografische Geschichte in Bezügen zu Persönlichkeiten, Ereignissen und Orten – realen wie imaginären – entwirft, die so oft miteinander verwoben und vermischt werden, bis sie zu einem ununterscheidbaren Ganzen verschmelzen. Das ist es, was auch die Kinder bemerken – nicht mehr und nicht weniger. Ein anderer interessanter Aspekt, der deutlich wird, wenn man die Seiten liest, ist der konstruktivistische Standpunkt, den die Kinder in Beziehung zur Entstehung und zum Wachsen der Stadt einzunehmen scheinen. Städte werden von Menschen gebaut. Das scheint eine unbezweifelte Annahme der Kinder zu sein, denn ihre Worte weisen darauf hin, dass die Städte als Antwort auf Wünsche der Menschen – nach Begegnung, Unterhaltung, Arbeit, Lernen ... – entstanden, im Vertrauen auf die ihnen innewohnende, sich selbst erzeugende und sich selbst organisierende Kraft. Es ist, als wären die Kinder überzeugt, dass die Städte über Jahre und im Laufe der Jahrhunderte die Fähigkeit entwickelten, sich quasi aus eigener Kraft an das Leben und die Erwartungen der Bewohner anzupassen. Wird diese Auffassung begründet, könnte sie zu einer theoretischen Konstruktion von großer aktueller Bedeutung auf einem Gebiet führen, das viele Wissenschaftler und Intellektuelle in den letzten Jahren untersucht haben: „Kann eine Stadt entsprechend den Regeln und Instruktionen, die von Stadtplanern und Verwaltern festgelegt werden, auf Papier geplant werden?"

Klassische Konstruktivisten würden diese Frage bejahen, da sie glauben, dass alle sozialen und/oder kulturellen Institutionen – der Staat, die Ökonomie, Schulen, die Sprache, Städte... – Resultat von Plänen, von überlegten und bewussten Entscheidungen sind, sowohl in ihrem Ursprung als auch in der Art ihrer Veränderung. Sie denken, etwas zu bauen bedeutet in einem sozialen Kontext, an geplanten Projekten redlich und in derselben Weise festzuhalten, wie auf anderen Gebieten – im Bauwesen, in der Mechanik – an den Gesetzen der Physik und der Technologie festgehalten wird.

Heute denken jedoch viele Menschen, dass die meisten Dinge, die in der Gesellschaft existieren, und alle menschlichen Leistungen über Jahrhunderte hinweg auf ungeplante und unvorhersehbare Ergebnisse von Interaktionen zwischen Individuen zurückgehen. Tatsächlich glaubt eine wachsende Zahl von Menschen, dass – obwohl „soziale Schöpfungen" (wie Städte) Produkte menschlicher Handlungen sind – nur wenige von ihnen im Ergebnis vorsätzlicher und absichtsvoller menschlicher Pläne entstanden. Karl Popper sagte: *„... nur eine Minderheit von sozialen Institutionen ist bewusst gestaltet worden, während die große Mehrheit einfach ‚gewachsen' ist, als ungeplantes Ergebnis menschlicher Aktionen."* (1) Ein klassisches Beispiel dafür ist die Sprache, die am meisten genutzte soziale Schöpfung. Wie allgemein bekannt ist, wurde die Sprache nicht von irgendwem erfunden oder geplant. Ihr Ursprung findet sich nicht in einem ausdrücklichen Plan, der von Menschen entworfen wurde, die als Gruppe zusammenkamen und sich einigten, eine Sprache zu konstruieren. Könnte das auch bei Städten der Fall sein? Der Soziologe Raymond Boudon untersuchte die oft unbeabsichtigten und unerwünschten Effekte absichtlicher Aktionen, die soziale und erkenntnistheoretische Unvorhersehbarkeit menschlicher Handlungen. Seine Untersuchungen führen uns zu der Überzeugung, dass diese Regel ebenso für Städte gilt. (2) Deren Ursprung und Entwicklung vollziehen sich oft unterhalb und außerhalb jedes Versuchs einer Vorherbestimmung, der in der Theorie unternommen wurde, besonders, wenn solche Versuche als Verfügungen der Obrigkeit empfangen und gestartet wurden.

Diese Fragen und Diskussionen mögen mit den Gedanken und

Gesprächen der Kinder über Städte, also über über Reggio Emilia, nicht viel zu tun haben. Dennoch scheint, als ob die Kinder sich wünschen, solche Fragen und Ideen in Betracht zu ziehen und zu diskutieren.

Einige Kinder erklären, dass die Struktur der Stadt – Plätze, Säulengänge, das Zentrum... – bestimmte soziale Praktiken befördern oder verhindern kann. Sie scheinen zu glauben, dass die städtische Physiognomie Geselligkeit und soziale Beziehungen beeinflussen kann und die Art verändern könnte, in der Menschen ihre Beziehungen zu Nachbarn und Freunden wahrnehmen. Indem sie dies angemessen im Blick behalten, erscheinen die Kinder als Theoretiker der „Stadt, die sozialen Zusammenhalt schafft".

Im Gegensatz dazu scheinen andere Kinder der Idee zuzuneigen, dass es die Sitten und Gebräuche der Bewohner sind, die den Räumen und Strukturen der Stadt Bedeutung geben. Zeitweilig verleihen diese Kinder selbst den unbedeutendsten Objekten und Orten Leben und Vitalität. Wie ein Echo auf ein berühmtes Gedicht von Antonio Machado scheinen uns die Kinder zu sagen: *„Bürger, hier ist keine Stadt. Ihr seid es, die die Stadt erschaffen."*

Stets hat dieses Buch die Kraft, Erwartungen, die wir als Erwachsene hegen, zu irritieren. In diesem Zusammenhang möchte ich zwei Beispiele für „irritierte Erwartungen" geben.

Erstes Beispiel:

Wir Erwachsene stellen täglich fest – auf dem Balkan, in Afrika und in vielen anderen Teilen der Welt –, dass das Ziehen von Grenzen gleichbedeutend mit Massakern und Gewalt geworden ist. Letztendlich ist es, als würde die Welt uns sagen: Eine Grenze bedeutet Blutvergießen. Glücklicherweise überraschen uns die Kinder, die utopischen Bewohner der Zukunft, und erinnern uns, dass „die Grenze wie Rauch" ist.

Zweites Beispiel:

Viele von uns lesen das Buch in der Erwartung, dass die Kinder uns ihre großen Sorgen über die „zerstörte" Qualität des städtischen Lebens mitteilen werden: Verkehr, Luftverschmutzung, das Fehlen von Grünflächen...

Doch das Gegenteil ist der Fall: Wir finden keine Kinder, die ängstlich und besorgt sind, sondern wir treffen auf Kinder, die Denker sind und vorschlagen, dass auch wir über das Dilemma reflektieren, das zugleich alt und modern ist: Ist es die Stadt, die die Menschen formt? Oder ist es die Bevölkerung, die der Stadt ihre Form gibt?

1 Popper, K. R.: The Open Society and its Enemies. (Die offene Gesellschaft und ihre Feinde.) Princeton, N. J.: Princeton University Press 1966

2 Boudon, R.: The Unintended Consequences of Social Action. (Die unbeabsichtigten Konsequenzen sozialer Handlungen.) N. Y.: St. Martin`s Press 1982

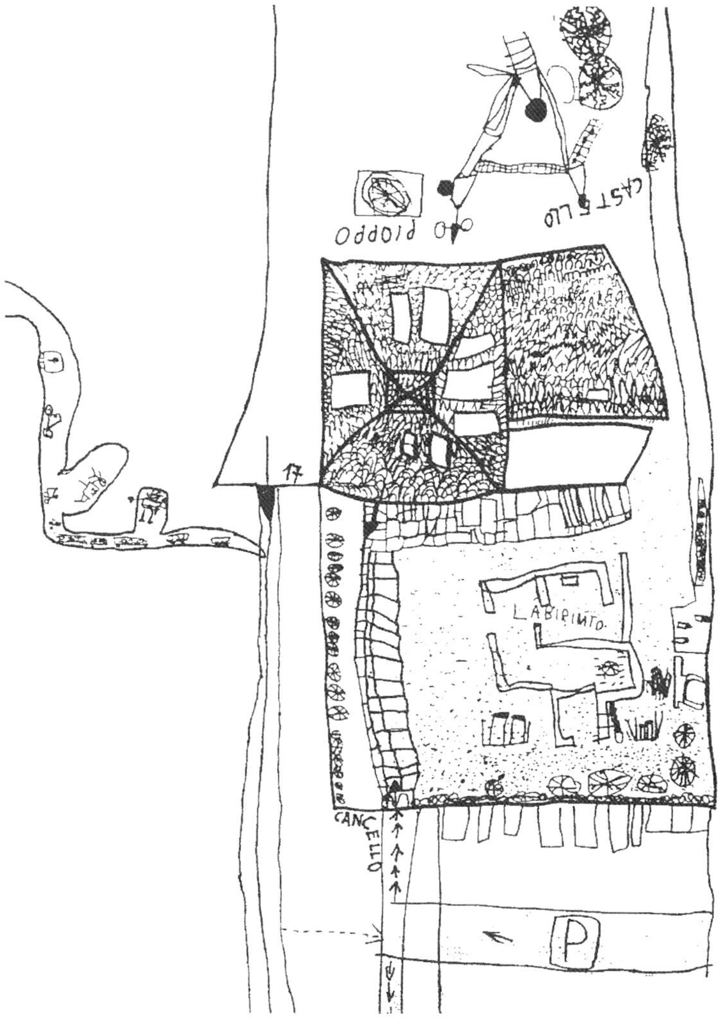

Sesam, öffne dich

Rolando Baldini und Vania Vecchi

Grafiker

Die Zeichnung der dreijährigen Chiara, die auf dem Buchumschlag zu sehen ist, und der Titel, den das Mädchen ihr und damit auch dem Stadtführer gab, benennen den Gegenstand der Untersuchung zauberhaft kühn. Sie gewähren uns einen flüchtigen Blick auf die glückliche Hartnäckigkeit, mit der die Kinder aus den Kindergärten Reggios sich für die begriffliche Eroberung ihrer Stadt engagiert haben.

Während dieses Entdeckungsprozesses schmiedeten die Kinder sich – unterstützt von den Erzieherinnen – ihre Werkzeuge zum Klassifizieren, Vereinfachen, Abgrenzen und Einschränken, also zum Orientieren. Anders als Erwachsene akzeptierten die Kinder es aber, desorientiert zu sein. Besser gesagt: Sie fanden subtilere Formen der Orientierung. Wie Dichter offen für die Welt, hatten die Kinder eine weite Sicht: Sie lehnten die Komplexität des Ganzen nicht ab und fanden Ähnlichkeiten zwischen Welten, die die aufs Praktische gerichtete begriffliche und gefühlsmäßige Einverleibungssucht der Erwachsenen lieber vernünftig trennt. Während die Weltsicht der Erwachsenen entzaubert, brannten Kinder darauf, sich verzaubern zu lassen. Möchte ein Kind eine Definition für das Konzept der Grenze finden, kann es entdecken, dass *„die Grenze wie Rauch"* ist. Bruno Schulz gab in „Briefe und Zeichnungen" eine wunderbare Beschreibung seiner Stadt und entdeckte die Stadt wieder, indem er sich ekstatisch in die Rolle eines Kindes begab. Er schrieb: „Die Art von Kunst, die meinem Herzen am nächsten steht, ist exakt eine Rückentwicklung, ist Kindheit, wieder aufgesucht. Wenn es möglich wäre, die Entwicklung umzukehren, einen Weg zur Kindheit zurückzufinden, ihre Fülle und Grenzenlosigkeit noch einmal zu erleben – dann würde das ‚Zeitalter des Genies' anbrechen, jene ‚messianischen Zeiten', die uns von allen Mythologien versprochen und verheißen wurden. Mein ideales Ziel ist es, in die Kindheit ‚zurückzureifen'. Das wäre wirkliche Reife."

Wir haben das Gefühl, dass die Kindergärten Reggios sich dieser Fülle und Grenzenlosigkeit schon vor vielen Jahren bewusst wurden. Und wir glauben, dass der Reichtum der Erfahrungen, der aus der unüblichen Fähigkeit erwuchs, zuzuhören (unüblich für Kindergärten, Schulen und für die Welt der Erwachsenen im Allgemeinen), auch ein Resultat der großen Aufmerksamkeit ist, die der Vielfalt von Sprachen gewidmet wird – von der verbalen zur visuellen, von der musikalischen und der mathematischen zur Sprache des Körpers und der täglichen Praxis ihrer Wechselbeziehungen (kurz: eine ‚wieder zusammengefügte Kindheit' mit der Hoffnung auf ein weniger zerteiltes Erwachsensein).

„Reggio Tutta" erhält sein Leben aus dieser Philosophie.

Die Gestaltung des Buches, die Wahl der Grafik und des Seitenlayouts sind von unserem Wunsch inspiriert, respektvolle Gastfreundschaft für die Worte und Bilder der Kinder zu garantieren. (Immer wieder sind wir den alten Editionen von Einaudi mit ihren klaren Seiten und der beispielhaften Garamond-Schrift dankbar, die selbst die tragischsten Ereignisse besonders taktvoll wiedergeben konnte.)

Wir haben versucht, uns unsichtbar zu machen, und uns bemüht, die Stimmen der Kinder, dieser inspirierten Cherubim, nicht zu stören. Für einige dieser Stimmen haben wir ein wenig mehr Papier und Farbe verwendet, um ihnen mehr Kraft zu geben – und damit allen anderen auch. Das geschah, weil (es könnte Nietzsche gewesen sein, der das gesagt hat) es am schwersten ist, die Dinge zu bemerken, die direkt vor deiner Nase liegen.

Der Rand des Schattens

Tullio Zini

Architekt

Die Tatsache, dass die Kinder über die „Ecken der Häuser" erzählen, die von ihnen zum Spielen genutzt werden, spricht Bände über eine ganz andere Annäherung an die Stadt, über einen unerwarteten Standpunkt, der verführerisch und extrem empfindsam ist. Diese Sichtweise zeigt auch, dass die Kinder die urbane Umwelt als eine Möglichkeit sehen, als neues und interessantes Territorium zum Entdecken, Vermessen, Berühren und Liebkosen, als einen Raum für Serpentinenrennen unter den Säulengängen, wenn sie um die Pfeiler wirbeln. Alle Stufen, auf die sie treffen, springen sie hinauf und herunter, dabei gewissenhaft über die Fugen zwischen den Steinplatten oder die weißen Streifen der Fußgängerüberwege hüpfend und die mysteriösen Tiefen der Gullys entdeckend, die in unterirdische Gänge führen. Gleichzeitig werden sie vom Funkeln der Schaufenster verzaubert. Die Stadt wird als physischer Ort von Beziehungen und Austausch gesehen, aber es gibt auch eine mentale Stadt, die die Symbole der Polis versammelt und verbindet: das Rathaus, die Theater, die Kirchen, die Plätze – „Einmaligkeiten", die eine Art kulturelle Karte formen, über der physischen Karte liegend, als Bezugspunkt für das Gefühl, zur eigenen Stadt zu gehören. Sofort bieten uns die Kinder eine weitere Bewertung der städtischen Umwelt an, eine stark körperliche Vision, die der Nutzung aller Sinne entspringt. Die Stadt wird erforscht und berührt, man erinnert sich der Beschaffenheit der Materialien, der Farben der Oberflächen, des Wechsels von Licht und Schatten, man prägt sich Geräusche und Gerüche ein – ein unmittelbares Aufnehmen, das von einer anderen Art des Sehens herrührt.

Wie den japanischen Filmemacher Ozu, der mit der Kamera 50 Zentimeter über dem Boden filmte, scheint der niedrigere Standpunkt die Kinder zu befähigen, die städtische Umwelt mit enormer Frische und Präzision zu sehen. Sie taxieren und erinnern sie mit unerwarteter Klarheit. Aber sie zeigen auch eine scharfe Auffassungsgabe für natürliche Ereignisse, die die Straße beleben und verändern: die Gerüche, der Wind, die Spiele von Licht und Schatten, die die Architektur überlagern und sie neu gestalten.

Indem sie auf einem für uns unsichtbaren Seil balancieren, das vom Schatten einer Stromleitung auf das Kopfsteinpflaster projiziert wird, erkennen die Kinder die Schönheit der Sinuskurve, die der Schatten des Portikusbogens kreiert, eine Grenze, der sie konsequent folgen und die sie respektieren. Sie entdecken die verschiedenen Welten, die an sonnigen Tagen entstehen, die Welt des Lichts und die Welt des Schattens. Auch der Regen ist ein sehr interessantes Ereignis, denn er betont das Muster der Pflastersteine und legt eine neue, zufällige Karte über das übliche Muster, eine Karte aus Pfützen, neuen Reflexionen und Bildern, die auf dem Kopf stehen und verwirrend wirken.

Die Kinder werden auch den Debatten und der Rhetorik gerecht, die die „grünen" Gebiete der alten Stadtzentren betreffen: Weder erwähnen sie das „Grün" in ihren Geschichten noch suchen sie danach. Vielleicht ist ihnen bewusst, dass die Architektur der alten Stadtzentren als eine Art künstlicher Wald gesehen werden kann, aus gewundenen, unvorhersagbaren Wegen und Gebäuden, so kompakt wie Felsen, aus Transparenz und Reflexion, aus Säulenwäldern, einladenden Schattenzonen und Räumen voller blendenden Lichts – eine Umwelt, die im Falle Reggio Emilias als besonders interessant und beruhigend wahrgenommen wird.

Abgesehen von den Monumenten, wird die Architektur unserer Stadtzentren durch eine fortlaufende Folge einander ähnlicher Fassaden geformt, die über die Zeitläufe hinweg geordnet und klar erkennbar sein wollen, Fassaden, in denen all die von verschiedenen Veränderungen hervorgebrachten Diskontinuitäten zu einer geordneten und beruhigenden Komposition restauriert wurden. Dieses ewige Bemühen, jede formale Spannung im Bild der Stadt zu reduzieren, wird von Erwachsenen positiv wahrgenommen und vermittelt auch den kleinsten Kindern eine Atmosphäre, die heiter und erfreulich ist. Wie die Seiten eines Buches werden die Fassaden in den verschiedenen Epochen geschrieben und neu geschrieben, vergessen und in unterschiedlichen kulturellem Kontext wiederentdeckt, verändert durch eine neue Sensibilität. Diese kontinuierliche Rekonstruktion des physischen und mentalen Bildes der Stadt kann neue Bewusstheit und viele Anregungen aus den erfrischenden Standpunkten der Kinder beziehen. Die Stadt, die sie beschreiben, erinnert uns an jene Fresken Giottos, die machtvolle Energie und Vitalität verströmen: mit formalen Erfindungen, Architekturelementen, Felsgipfeln und Dekorationen, die in einen einzigen Entwurf eingeschlossen und verdichtet sind, bezaubernd und zwingend in ihrer Einmaligkeit. Wie für ein Korallenriff, das wächst, vergeht und sich in seinem empfindlichen Gleichgewicht aufs Neue erschafft, wenn stets klares Wasser zufließt, ist eine kontinuierliche kulturelle Erneuerung, der Zufluss neuer Energien, um sie interessant und lebendig zu erhalten, für die Stadt unentbehrlich.

Abgesehen von der Fröhlichkeit dieses Stadtführers und der Tatsache, dass er uns ermutigt, über die Idee einer Grenze nachzudenken, die „wie Rauch" ist – wie kann dieses Buch denjenigen von uns nützen, die urbane Umwelten gestalten? Vielleicht kann es darauf hindeuten, dass das, was wirklich von unseren Städten – Venedig, Rom, Pompeji – bleibt, was uns dazu bringt, sie zu lieben, ihre Schönheit ist, die einzige Schnittstelle, die neues Interesse hervorruft und jeden Wechsel über die Jahrhunderte übersteht. Wir glauben, dass die Auswahl, der Erfindungsreichtum und die Schönheit der Materialien, die im historischen Stadtzentrum eingesetzt wurden, die Aufmerksamkeit für das Detail und seine eleganten Diskontinuitäten auch die Vorstädte erreichen sollten, die jüngere Stadt. Wir müssen eine neue Stadt ersinnen, frisch und erfreulich, wir müssen sie zu einem Ort machen, der – wie von Neutrinos, die die Erdmasse durchqueren – von den Elementarteilchen des kindlichen Enthusiasmus durchzogen werden kann, von dieser unzerstörbaren Ladung aus Freude und Neugier.

Immer mehr gemeinsam, immer mehr allein

Marco Belpoliti

Essayist und Schriftsteller

Die traditionelle italienische Idee einer Stadt strebt zum Mittelpunkt: Die Stadt, eingeschlossen von ihren Mauern (oder ihrer Ringstraße), bildet einen Kreis um den Hauptplatz. Die amerikanische Stadt ist linearer, eine offene Stadt, dominiert von einer Hauptstraße, die keinen bestimmten Anfang zu haben scheint, aber durch die Stadt führt, weitergeht und in der Ferne verschwindet.

Während die Städte unserer Erinnerung auf ihr historisches Zentrum ausgerichtet sind, sind die Städte der Neuen Welt zentrifugal oder, wie ein Schüler es ausgedrückt hat, „aufsteigende" Städte: *downtown, midtown, uptown.*

Früher, als die Menschen liefen oder auf Pferden ritten, hatten die Städte ein präzises Profil, gleich dem der Berge. Sie waren aus der Entfernung so zu erkennen, wie wir eine Person erkennen können. Die heutigen Städte offerieren dem Besucher, der auf der untersten Ebene der Autobahnen in einem Auto dahinrast, das ihn auf jeder Seite umhüllt und seine Sicht begrenzt, nicht länger ihr Profil.

Lewis Mumford schrieb vor fast 40 Jahren in seinem Buch „Die Stadt in der Geschichte", dass Städte unsichtbar geworden sind. In den frühen 1960er Jahren beschrieb Mumford die Reorganisation des metropolitanen Komplexes, die gerade stattgefunden hatte. Der Grund für diese Transformation lag in der Entmaterialisierung der existierenden Institutionen. Mumford fügte hinzu: Die Neue Welt ist nicht nur im Hinblick auf die Oberfläche geöffnet, die sich bis zum Horizont hinzieht. Auch ihr Inneres wird von unsichtbaren Strahlen und Strömungen durchdrungen. Der Autor verwies auf Radio- und Fernsehwellen, auf das Informations- und Kommunikationssystem, das die Städte radikal veränderte. Radio, Telefon, Fernsehen, Fax und Computer beseitigten Entfernungen und veränderten die Beziehungen zwischen Personen in einem solchen Ausmaß, dass sogar der Raum selbst als nichtexistent wahrgenommen wird. Demzufolge sind wir alle Bürger einer anderen Stadt geworden, der Stadt, die von unsichtbaren Beziehungen mit dem Resultat geschaffen wird, dass wir eher einen Freund in Chicago als in Pisa haben, während wir die Person nicht kennen, die in der Wohnung hinter der Nachbartür lebt.

Mehr noch: Die Komplexität unserer Existenz, die Tatsache, dass wir gleichzeitig in verschiedenen Welten leben (Arbeit, Familie, Freizeit), bringt es mit sich, dass wir in wenigen Tagen von einer Stadt zur anderen wechseln, fast ohne es zu bemerken. Oft sind die großen Städte (zumindest die zwei oder drei in Italien) Durchgangsstädte, in die man fährt, um sich zu amüsieren, einzukaufen, ein Theaterstück zu sehen oder Leute zu treffen (vor allem, um zu arbeiten), so dass die Mehrheit dieser Städte in der Nacht fast menschenleer ist. (Es heißt, dass nicht mehr als 100 Seelen zur Domgemeinde im Zentrum Mailands gehören.)

Selbst die kleineren Städte – einschließlich der touristischen, die so zahlreich in unserem Land sind – werden nachts zu leeren Hüllen. An der Peripherie der Städte, an den Straßen, Autobahnen und großen Kreuzungen schossen enorme Einkaufszentren aus dem Boden, die den Menschen ermöglichen, ihre Einkäufe mit einem einzigen wöchentlichen Ausflug zu erledigen. (Unsere Zeit ist immer stärker begrenzt, obwohl wir immer weniger Dinge tun.) Dies sind künstliche Städte, gemacht aus Abertausenden Kubikmetern kommerziellen Raums und nur zu bestimmten Tageszeiten und an den Wochentagen

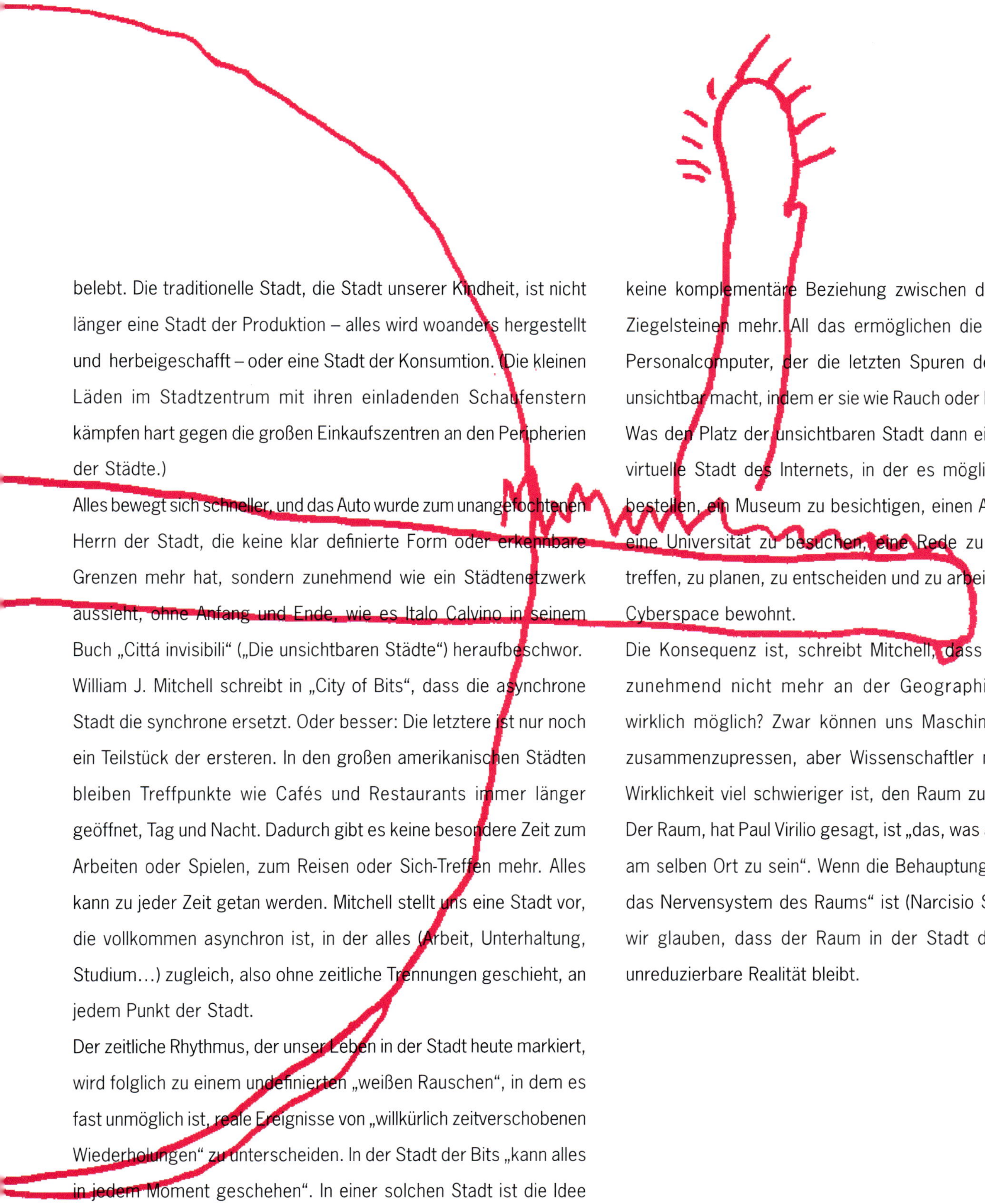

belebt. Die traditionelle Stadt, die Stadt unserer Kindheit, ist nicht länger eine Stadt der Produktion – alles wird woanders hergestellt und herbeigeschafft – oder eine Stadt der Konsumtion. (Die kleinen Läden im Stadtzentrum mit ihren einladenden Schaufenstern kämpfen hart gegen die großen Einkaufszentren an den Peripherien der Städte.)

Alles bewegt sich schneller, und das Auto wurde zum unangefochtenen Herrn der Stadt, die keine klar definierte Form oder erkennbare Grenzen mehr hat, sondern zunehmend wie ein Städtenetzwerk aussieht, ohne Anfang und Ende, wie es Italo Calvino in seinem Buch „Cittá invisibili" („Die unsichtbaren Städte") heraufbeschwor. William J. Mitchell schreibt in „City of Bits", dass die asynchrone Stadt die synchrone ersetzt. Oder besser: Die letztere ist nur noch ein Teilstück der ersteren. In den großen amerikanischen Städten bleiben Treffpunkte wie Cafés und Restaurants immer länger geöffnet, Tag und Nacht. Dadurch gibt es keine besondere Zeit zum Arbeiten oder Spielen, zum Reisen oder Sich-Treffen mehr. Alles kann zu jeder Zeit getan werden. Mitchell stellt uns eine Stadt vor, die vollkommen asynchron ist, in der alles (Arbeit, Unterhaltung, Studium…) zugleich, also ohne zeitliche Trennungen geschieht, an jedem Punkt der Stadt.

Der zeitliche Rhythmus, der unser Leben in der Stadt heute markiert, wird folglich zu einem undefinierten „weißen Rauschen", in dem es fast unmöglich ist, reale Ereignisse von „willkürlich zeitverschobenen Wiederholungen" zu unterscheiden. In der Stadt der Bits „kann alles in jedem Moment geschehen". In einer solchen Stadt ist die Idee des Heims als Hülle, Höhle oder Refugium überholt, und es gibt keine komplementäre Beziehung zwischen dem Leben und den Ziegelsteinen mehr. All das ermöglichen die Elektronik und der Personalcomputer, der die letzten Spuren der sichtbaren Stadt unsichtbar macht, indem er sie wie Rauch oder Nebel in Luft auflöst. Was den Platz der unsichtbaren Stadt dann einnimmt, das ist die virtuelle Stadt des Internets, in der es möglich ist, ein Buch zu bestellen, ein Museum zu besichtigen, einen Arzt zu konsultieren, eine Universität zu besuchen, eine Rede zu halten, Kunden zu treffen, zu planen, zu entscheiden und zu arbeiten, indem man den Cyberspace bewohnt.

Die Konsequenz ist, schreibt Mitchell, dass „die Gemeinschaft zunehmend nicht mehr an der Geographie haftet". Ist das wirklich möglich? Zwar können uns Maschinen helfen, die Zeit zusammenzupressen, aber Wissenschaftler meinen, dass es in Wirklichkeit viel schwieriger ist, den Raum zusammenzupressen. Der Raum, hat Paul Virilio gesagt, ist „das, was alles davor bewahrt, am selben Ort zu sein". Wenn die Behauptung stimmt, dass „Zeit das Nervensystem des Raums" ist (Narcisio Silvestrini), müssten wir glauben, dass der Raum in der Stadt der Bits trotz allem unreduzierbare Realität bleibt.

Eindrücke von einer Stadt: Reggio Emilia

Ermanno Cavazzoni

Schriftsteller

Reggio Emilia erfreut sich einer ziemlich niedrigen Temperatur – so niedrig, dass die Vögel im Winter die ganze Nacht vor Kälte kreischen. Auf einigen Bäumen am Bahnhof sammeln sich die Vögel und versuchen, warm zu bleiben, indem sie sich aneinander kuscheln. Aber vergeblich. Reisende, die durch Reggio Emilia fahren, sind oft heftig betroffen, denn sie hören durchdringendes Kreischen, das aus den Bäumen kommt, nach Sonnenuntergang beginnt und seinen Höhepunkt um 2.00 Uhr morgens erreicht, wenn die Temperatur auf ihren Tiefpunkt gelangt. Dies ist nur ein Beispiel dafür, auf welche Weise das Territorium Reggios eine isolierte Enklave ist.

Auch aus menschlicher Sicht unterscheiden sich die „Reggianer" grundsätzlich von der benachbarten Bevölkerung, was an einer Art manischer Aufregung liegt, die sie konstant zermürbt. In der Jugend – sagen wir: Mit etwa 16 Jahren – flüchtet der junge Reggianer von zu Hause und versucht, Afrika zu erreichen, wird aber vom Meer aufgehalten. Fast immer kehrt er mit eingezogenem Schwanz zurück nach Reggio, und seine „Manie" bleibt bestehen. In einem Café auf dem Hauptplatz kann man ein schwarzes Getränk trinken, das aus Lakritzwurzeln hergestellt wird. Dieses Getränk, bei den Reggianern sehr beliebt, hat sich niemals über den Hauptplatz hinaus verbreitet und sorgt mitunter für einen gefährlichen Anstieg des Blutdrucks. Das mag der Grund für die jugendliche Manie der Reggianer sein, die die Bevölkerung (vergiftet von Lakritze) seit 1796 dazu bringt, die dreifarbige Fahne zu nähen, später die Nationalflagge Italiens. Auf einem Ausflug nach Reggio hatte Napoleon Gelegenheit, dieses Lakritzgetränk zu kosten, und schätzte es sehr.

Folgt man den Kunst- und Architekturhistorikern, ist Reggio eine schöne Stadt. Doch ihre Schönheit kann nicht wirklich besichtigt werden, denn die Leute in Reggio wollen damit nicht protzen. Zum Beispiel kann man die schöne alte Stadtmauer nicht mehr anschauen, denn im Laufe des 20. Jahrhunderts verschwand sie Stück für Stück. Vielleicht wurde sie irgendwo versteckt. Desgleichen die alten Stadttore, die in den 1950er Jahren aus dem Blickfeld gerieten. Vor nicht allzu langer Zeit wurde ein unversehrter Häuserblock des alten Stadtzentrums – in der typischen Architektur der Städte des Po-Tals – abgetragen und durch eine Art babylonischen Bau ersetzt, unbegreiflich abstoßend und mit dem Namen „San Rocco Block“ maskiert. Dies geschah wohl in der Absicht, Touristen fernzuhalten. So vermeidet die Stadt Reggio den monumentalen und spektakulären Exhibitionismus, der in Italien weit verbreitet ist.

Aus diesem Grund sehen wir auch auf dem Giobertiplatz einen kurzen Obelisken, einen der kürzesten, die man sich vorstellen kann, und so gebaut, dass er völlig unbemerkt bleibt und das alte Ägypten wie das alte Rom verspottet. Dieser unmerklich ironische Zug der Stadt Reggio Emilia findet sich in anderen Bauten und Häusern ebenso. Zum Beispiel gibt es ein Gebäude aus dem frühen 20. Jahrhundert, Parmeggiani-Galerie genannt, das so gotisch ist, dass es die wirkliche Gotik beschämt. Der Turm sieht aus wie eine Nadel: Nur eine Person kann jeweils hineingehen, und es ist unmöglich, sich darin zu bücken oder sich hinzusetzen. Er hat keinen anderen Zweck, als einen zum Lachen zu bringen. Im Inneren des Gebäudes gibt es eine Sammlung alter Gemälde, spanischer Rüstungen, antiker Gobelins und antiken Schmucks – alles Fälschungen. Das wurde erst vor einigen Jahren entdeckt, amüsierte den Bürgermeister und die ganze Stadt aber sehr, denn sie erkannten darin den Sinn ihrer Vorfahren für Ironie. Im Museum für Naturgeschichte können alle, die das wollen, einen einbalsamierten Wal betrachten, der ganz mit Teer bedeckt ist und eine undefinierbare Form hat. Den Wal zu besuchen ist ein Muss für jedes Kind in Reggio. Doch alle Besucher kommen irgendwie erschüttert aus dem Museum. Nicht wegen der vielen Ausstellungsstücke, sondern wegen des stechenden Geruchs nach Formaldehyd und wegen der Schilder, die darauf hinweisen, dass der Wal giftig ist. Außerdem kann man an einer Seite des Wals ein sehr kleines Glasauge sehen, so süß und fromm im Ausdruck, dass die Schulkinder davor stehenbleiben und es stumm anstarren. Sensiblere Gemüter werden von dieser Erfahrung psychisch angegriffen und bleiben für den Rest ihres Lebens irgendwie tiefsinnig.

Der Nebel umhüllt Reggio besonders dicht und in solchem Ausmaß, dass die Stadt nicht als gesundheitsfördernder Ort empfohlen wird. Tatsächlich ist Reggio nur an einigen Tagen im Jahr zu sehen. In der Vergangenheit, als das Land noch nicht kultiviert war, schien die Stadt nie aus dem Nebel aufzutauchen, so dass ihre Existenz fragwürdig war. Nur an einem windigen Tag konnte man hin und wieder einen Eindruck von ihr erhaschen. Stendhal zum Beispiel schaffte das am 9. Dezember 1816. Bei dieser Gelegenheit schrieb er in sein Tagebuch, dass „die Lebhaftigkeit und der Mut ihrer Bewohner berühmt sind“ (vermutlich bezog er sich dabei auf die typische Manie der Reggianer). Auch der Schriftsteller Antonio Delfini aus Modena erspähte Reggio, eine „alte und arme Stadt“, verehrungswürdig. Reggio hat tapfere Männer und Frauen in die Welt gesetzt, die sowohl die Stadt als auch das Land bevölkerten. Der erste unter ihnen war Ludovico Ariosto (natürlich der größte Dichter der Menschheit), der eine besonders leichte Hand beim Schreiben hatte, weil er Reggianer war.

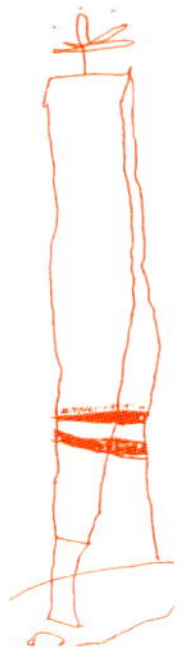

Forschungs-projekt

Die Stadt: Bilder, Ideen und Theorien

Simona Bonilauri und Tiziana Filippini

Pädagogistas des Koordinationsteams für städtische Krippen und Kindergärten – Stadt Reggio Emilia

Die Tatsache, dass die Stadt Gegenstand einer tief gründenden Studie wurde, verdankt sich zweifellos ihrem progressiven Charakter und dem Aufstieg zu kultureller Prominenz, aber auch dem Zusammentreffen einiger glücklicher lokaler Umstände. Reggio Emilia ist eine Stadt, die weder groß genug ist, um überwältigend zu sein, noch klein genug, um erstickend zu wirken. Sie hat es geschafft, die sinnvolle Beziehung zwischen ihren Institutionen und der Gemeinde über einen langen Zeitraum zu bewahren. Sie hat in den städtischen Krippen und Kindergärten eine pädagogische Erfahrung für ihre jüngsten Bewohnerinnen möglich gemacht, die auf Solidarität und Beteiligung beruht. Selbst ohne diese tief greifende Verpflichtung wäre die Stadt immer noch voller Zauber, nur weil sie so normal, so irdisch und außerordentlich komplex ist. Diese Studie ist eine überarbeitete und aktualisierte Fassung eines Projekts, das Loris Malaguzzi 1982 entwickelt hatte. Das Projekt begann vor zwei Jahren und bezog alle Kindergärten der Gemeinde ein.

Die Arbeit wurde in zwei Stufen entwickelt und fertig gestellt.

Die erste Stufe bestand aus einem verbalen Überblick über das existierende Wissen. Sie ermöglichte es den Kindern, so über die Stadt und ihre Geschichte zu erzählen, wie sie sie begreifen, bewohnen und interpretieren. Protagonist der Geschichte, die sich in den Gesprächen entfaltete, war die Stadt als allgemeine Konstruktion und als Ort, an dem die Kinder leben, also Reggio Emilia. In der zweiten Stufe, speziell und jeweils unterschiedlich für zwölf Kindergärten und Krippen angelegt, wurden Projekte und tiefgründige Untersuchungen initiiert, aus denen schließlich der Stadtführer von Reggio Emilia hervorging, der von den Kindern hergestellt wurde. Beim Herangehen an das Thema „Stadt" berücksichtigten wir auch die Befunde von Forschungen aus verschiedenen Fachgebieten. Das erforderte, eine projektorientierte Haltung einzunehmen, die von den Erwachsenen verlangte, sich zuvor mit dem Thema vertraut zu machen und später zu sichern, dass der Gegenstand nicht trivialisiert wird, wenn die Kinder sich damit beschäftigen. Das Ziel war, den Gegenstand in all seinen Ressourcen, Begrenzungen und Bedeutungen zu betrachten, um Arbeitshypothesen aufstellen zu können. Diese einleitenden Reflexionen erlaubten es uns, den Gegenstand mit größerer Bewusstheit zu definieren. Probleme und Veränderungen, die mit der Entwicklung und dem Wachsen der Stadt verbunden sind, erforderten die aktive Interpretation aller und eine Art Wachsamkeit, bezogen auf die mögliche Dämonisierung und eventuelle Vereinfachungen der Stadt. Zugleich mussten wir unser eigenes wachsendes Wissen zeitweilig zurückstellen, um den zuhörenden Dialog zwischen Erwachsenen und Kindern zu ermöglichen.

Die Forschung richtete ihre Aufmerksamkeit zwar auf die räumlichen, topologischen und funktionalen Aspekte der Stadt, versuchte aber vor allem und wann immer es sich ergab, die Qualität der Beziehung zu erfassen, die die Kinder zur Stadt haben. Dem Thema näherten wir uns somit, indem wir größeres Gewicht auf seine Gefühls- und Beziehungsaspekte legten. Wir begannen mit der Idee, dass die Stadt kein Objekt ist, sondern eher ein physischer und mentaler Ort, der es ermöglicht, dass etwas geschieht. Daher könnte man sagen: Die Stadt ist ein Ereignis oder ein Organismus, aber infolge ihrer historischen und sozialen Schichtungen, ihrer Codes, ihrer sichtbaren wie unsichtbaren Dynamik und ihrer breit angelegten Dimensionen auch immer ein komplexes Ganzes. Eine Definition der Stadt, die die von uns gewählte Vorgehensweise effektiv ausdrückt, gab Lewis Mumford. Er konstatierte, dass eine Stadt in ihren nobelsten Aspekten am treffendsten als ein Ort definiert wird, der die besten Möglichkeiten für sinnvolle Gespräche bietet. Im ersten Teil des Projekts, in dem es um das Wachsen von Wissen ging, bevorzugte die gesamte Forschung die verbale Sprache. Sie schien zu den Aspekten der Stadt, die wir hervorheben wollten, besonders gut zu passen, weil sie, wie die Stadt, ein offener und kontinuierlicher Code ist. Es war, als gäbe es eine Beziehung zwischen der Natur der Stadt und der Natur der verbalen Sprache. Die Gespräche – in kleinen Gruppen von drei oder vier Kindern geführt – wurden von den Erzieherinnen geleitet, die einen Frageleitfaden benutzten. Er bestand aus Fragen, die es dem Einzelnen erlaubten, seine persönliche Erfahrung einzubringen. Es waren offene Fragen, die eher eine Untersuchung erforderten als eine Erklärung nahezulegen. Sie ließen den Kindern Zeit und ermöglichten ihnen, über sich selbst nachzudenken und zu sprechen. Zugleich regten sie die Erforschung durch eine sensorische Dimension an, die ebenso ästhetisch, emotional und leidenschaftlich wie kognitiv war, und begleiteten sie.

Die Stadt: Bilder, Ideen und Theorien

Weißt du, was eine Stadt ist?
Was denkst du, wofür Städte da sind?
Warum wurden sie gebaut?
Kannst du sagen, wo eine Stadt anfängt? Kannst du sagen, wo sie endet?
Denkst du, dass die Stadt eine Form hat?
Gibt es Menschen, die nicht in der Stadt leben? Wenn ja, was denkst du, wo sie leben?

Reggio Emilia: Porträt einer Stadt

Lebst du in einer Stadt? Wie heißt sie?
Lass uns ein bisschen über Reggio Emilia reden.
Denkst du, dass es eine große oder eine kleine Stadt ist?
Willst du versuchen, über ihre Farben zu sprechen? Ihre Klänge und Geräusche? Die Gerüche?
Was machst du in Reggio Emilia?
Gibt es etwas, das du gern anders machen würdest?
Was magst du an Reggio Emilia am meisten?
Gibt es etwas, das du an der Stadt nicht magst?
Was machen die Leute in Reggio Emilia? Kleine Jungen und kleine Mädchen, Männer und Frauen? Mamas und Papas, Jugendliche, Großmütter und Großväter?
Wer, meinst du, mag Reggio Emilia am meisten?

Der Fragebogen war in zwei Kapitel unterteilt. Das erste Kapitel bestand aus sechs Fragen. Gegenstand war nicht so sehr die Stadt Reggio selbst, sondern die Stadt allgemein und Theorien darüber, die die Kinder auszudrücken in der Lage waren. Es wurden Fragen nach der Identität der Stadt gestellt, nach ihrer „Entzifferbarkeit“ und der Möglichkeit, sie zu definieren. Die erste Frage war schwierig und umfassend. Die folgenden Fragen wurden spezifischer.
Die Schwierigkeit lag in der Bitte um eine Definition. Ein Objekt zu definieren ist immer schwerer, als es zu beschreiben. Das ist umso mehr der Fall, wenn es um eine Stadt geht, die eine facettenreiche Konstruktion ist und nicht allein von einem einzigen Standpunkt erfasst werden kann.
Die folgenden Fragen beschäftigten sich mit der Funktion oder mit den Funktionen der Stadt: ihre Dienstleistungen, die öffentlichen und privaten Orte, die zur Stadt gehören, ihre Organe und alle möglichen Veränderungen, die im Laufe der Zeit geschehen sein mochten, ihre Form und Grenze. Diese Inhalte waren nicht nur einer einzigen Frage zugeordnet. Jede Frage ergänzte die vorangegangene oder folgende Frage und gab den Kindern die Möglichkeit, sie tiefgehender zu beantworten.
Die Fragen des zweiten Kapitels betrafen die Stadt Reggio Emilia. Sie erforschten die Erfahrungen und Meinungen der Kinder zu ihrer Stadt und über sie direkter. Bezüge, die die Verständlichkeit der Fragen unterstützten, waren grundsätzlich die urbane Dynamik und die Möglichkeit, die eigene Stadt zu mögen: Aktionen, Erfahrungen, Beziehungen und Begegnungen, die die Stadt nicht nur Kindern, sondern auch anderen Menschen bietet, die Freude, in der Stadt zu leben, oder das Unbehagen, wenn es denn existiert. Wir wollten auch Fragen stellen, die eine kritische Bewertung herausforderten, ein Werturteil über die eigene Stadt, und die einen Wechsel der Perspektive zu anderen Subjekten (zum Beispiel Großeltern

und junge Leute) ermöglichten. Außerdem wollten wir Fragen stellen, die auf Gerüche, Geräusche, Klänge und kinästhetische Wahrnehmungen zielten, indem sie die absolute Vorherrschaft des Auges reduzierten.

Folgt man Levy Leboyer, ist die Identifikation einer Stadt immer eine Synthese und eine Abstraktion, ausgehend von Erfahrungen des wirklichen Lebens, wiederholten Wahrnehmungen und Bewegungen in der Umwelt – also das Resultat eines multisensorischen Bewusstseins.

Die Arbeitsmethode beruhte auf einem Konzept von Forschung als Ko-Konstruktion, als sozialer Interaktion: eine gemeinsame Aktion von Forschern und Kindern, wobei die Aufmerksamkeit für das Objekt und das Subjekt der Forschung mit der Fokussierung auf die interaktiven Prozesse verbunden war. Die Erzieherinnen sollten den Frageleitfaden in einem dialogbasierten Prozess nutzen. Die Funktion und die Besonderheiten von Gesprächen in kleinen Gruppen zu erkennen ist ein wichtiger Schritt für Erwachsene. Er verlangt, von einer Perspektive, die die Sprache als Offenbarer von Gedanken ansieht, zu einer Sicht auf die Sprache als Generator von Gedanken zu wechseln. Während der Gespräche vermieden wir normalerweise jede forschende Strenge und konzentrierten unsere Aufmerksamkeit darauf, das Wissen zu entdecken, über das die Kinder verfügten und das sie verbal ausdrücken konnten.

Wir waren – abgesehen vom individuellen Denken jedes Kindes – am Feedback interessiert, an den Begegnungen und dem Austausch in den Gesprächen. Im Prozess der fordernden und wechselseitigen Anpassung schienen die Kinder oft neue Perspektiven und höhere Ebenen des Bewusstseins zu erreichen, wenn wir ihnen das ermöglichten und wussten, wie wir ihnen zuhören sollten. In den Kindergruppen wurden Botschaften nicht nur wahrgenommen, sondern vor allem empfangen und weiterentwickelt. Das heißt: Sie wurden wirklich verstanden.

Demzufolge ist es möglich, die Gruppendiskussion nicht nur als Methode zu nutzen, mit der sich feststellen lässt, wer welches Wissen hat, sondern sie auch als Weg zu sehen, auf dem Wissen entsteht. Das Gespräch hat eine eigene politische Bedeutung: Es ist nicht nur eine gute Technik zur Schulung kommunikativer Fähigkeiten, sondern kann es Kindern auch ermöglichen, bewusster und angemessener in die Welt der Kultur einzutreten. Und dies bleibt stets eines der grundlegenden Ziele von Erziehung.

Unsere Interpretationen mussten die Tatsache berücksichtigen, dass alles, was die Kinder uns erzählen konnten, an ihre Sprache und ihre kommunikativen Fähigkeiten gebunden war. Wir mussten beachten, dass nicht alle Erfahrungen und nicht jedes Wissen der Kinder in Worte übersetzt werden konnten. Die konstruktivistische und ko-konstruktivistische Auffassung der Entwicklung von Wissen lassen uns annehmen, dass jedes Objekt, jeder Ort nicht nur im physischen Sinne existiert, sondern dass jeder Mensch seinen mentalen Ort konstruiert. Ebenso konstruiert wahrscheinlich jeder von uns – soweit es die Stadt betrifft – seine Stadt in der Stadt.

Als wir die Worte der Kinder interpretierten, zogen wir dieses sprachliche Oszillieren zwischen wirklichen und mentalen Landschaften in Betracht. Dies legte die Annahme nahe, dass das Kind und der Erwachsene die wirkliche Stadt nicht nur kennen, sondern sie entdecken und neu erschaffen. Wenn wir in Versuchung gerieten, den Text mit der Realität oder ihrer Wahrnehmung in Übereinstimmung zu bringen – als wären die Worte und Bilder der Kinder notwendigerweise Kopien von etwas, das dort draußen in der Stadt existiert –, wurden wir vorsichtig. Tatsächlich verwendeten die Kinder häufig eine Sprache, die wenig Bezug auf etwas nimmt, wenig beschreibt. Sie ließen Raum für virtuelle Bilder, Vorstellungen, Mythen, Metaphern und Analogien, die wir nur schwer interpretieren konnten. Manchmal vergaßen wir sie, manchmal vereinfachten oder marginalisierten wir sie.

Deshalb hielten wir uns offen und aufnahmefähig für „lokale", subjektivere Karten, die Verallgemeinerungen weniger leicht unterworfen sind.

Eine gute Beschreibung unseres Herangehens an die Textanalyse lieferte uns Roland Barthes, der vorschlägt, einen Text so langsam zu lesen wie nötig, also jedes Mal anzuhalten, wenn es erforderlich sein könnte, und zu versuchen, mögliche Bedeutungen des Textes zu erkennen und zu klassifizieren – ohne Rigidität und mit Rücksicht darauf, dass das Gefühl von Lockerheit eine Schlüsseldimension unserer Arbeit ist.

Man könnte sagen, dass wir die nichtlineare Herangehensweise der Kinder übernahmen:

- durch Sprünge,
- durch die Verbindung von zwei Orten im Text, die manchmal weit voneinander entfernt lagen,
- durch nicht zum Thema gehörende Anmerkungen,
- durch Weggehen und Zurückkehren.

So bewegten wir uns langsam durch den Sinn und die Bedeutungen, die uns wichtig zu sein schienen (Subjektivität des Lesers). Da wir außerstande waren, die Dinge sofort in die richtige Ordnung zu bringen, mussten wir das Material immer wieder neu lesen. Wir versuchten, mögliche Bedeutungen herauszufinden, die schrittweise zunehmend substanziell – in dem Fall hielten wir an ihnen fest – oder unbedeutend wurden, so dass wir sie wegließen. Bezüglich unserer Fähigkeit, alle Bedeutungen eines Textes erfassen zu können, die theoretisch ohnehin unendlich sind, hatten wir keine Illusionen: Kein Leser kann einen Text einfrieren, aber der Text kann in eine bestimmte Ordnung gebracht werden.

So befanden wir uns in einer erkennbaren Dimension von Komplexität, die wir zwar beschreiben und erklären wollten, dabei aber zu beachten hatten, dass Erklärung Komplexes nicht einfach reduzieren darf, sondern eine schwer verständliche Komplexität durch eine klarere (Lévi-Strauss) ersetzen muss.

Auf der ersten Stufe des Lesens nutzten wir thematische Schwerpunkte als Ordnungskategorien für das verbale Material. Dies führte uns auf die zweite Stufe des Lesens, in der wir durch Interpretation neue Bedeutungsschwerpunkte fanden. Sie bildeten einen konzeptionellen Rahmen, der nicht notwendigerweise mit den linguistischen Ausdrücken übereinstimmte.

Thematische Schwerpunkte	**Bedeutungsschwerpunkte**
Definition der Stadt	Entzifferbarkeit der Stadt
Ursprünge der Stadt	kontinuierliche Städte
Funktionen der Stadt	Stadt als autobiografisches Objekt
physisch oder räumlich	Stadt der Information
wahrgenommene Bilder	die Natürlichkeit der Stadt

Eine Stadt kann begriffen werden, wenn man Karten nutzt, die sich stark voneinander unterscheiden. Dieses Konzept geht von den Worten der Kinder aus, von Bildern, die vielfach, partiell, autobiografisch und imaginär sind. Wegen ihres geringen Anteils an Materialität ist die Stadt mit einem einzigen Bild schwer zu erfassen. Es ist, als gäbe es mehr als eine Stadt in der Stadt (Implosion) und als gehörte die Stadt sowohl zur Welt als auch zu einer komplexeren Kosmogonie (Explosion). Die Bilder, die die Kinder konstruieren und ausdrücken können, konstituierten mögliche Bedeutungen, die – anstatt die Modernität der Stadt auf eine gut repräsentierte und artikulierte Idee zu beschränken – all ihre Vitalität und Energie wiederherstellten, wenn auch mit vielen Annäherungen. Diese Bedeutungen – so weit wir sie erkennen konnten – könnten als Lupen dienen, um die Stadt zu interpretieren.

Die Entzifferbarkeit der Stadt

Der konstruierte Sinn der Stadt, also die Häuser, ist sicherlich ein spezifisches, aber kein exklusives Merkmal für die Empfindung der Dichte der Stadt und der Vielzahl ihrer Komponenten und Dimensionen.

Die Dichte oder die Intensität der Stadt betrifft bebaute Gebiete ebenso wie Elemente der Mobilität, die nicht nur mit der visuellen Wahrnehmung, sondern auch mit einer diffuseren und integrierteren sinnlichen Wahrnehmung verbunden sind: Menschen, Unordnung, Verkehr, Fülle: ***„Die Stadt ist eine Art großer Laden, der größte, in dem man viele Leute und viele Dinge sehen kann.“***

Die typischen Architekturstile der Stadt werden klar identifiziert, da sie sich von anderen Orten unterscheiden, an denen man nicht lebt: ***„Ich denke, die Häuser sind alle miteinander verbunden. Auf dem Land gibt es nicht so viele Häuser, und sie sind alle einzeln.“***

Die Stadt wird zunehmend weniger allgemein und spezieller, wenn die Kinder Unterschiede und Ähnlichkeiten, verglichen mit anderen Wohnorten, bemerken: Stadt/Kleinstadt, Stadt/Nordpol, Stadt/Südpol, Stadt/Land. So werden Dimension und Dichte entscheidende und machtvolle Elemente, um die Stadt zu identifizieren: ***„Aber wo es keine Städte gibt, gibt es auch kaum Häuser, vielleicht gar keins, wie am Nordpol. Da ist es wirklich kalt. Und vielleicht machen sie dort deshalb keine Städte, weil es so kalt ist.“***

Auf der Suche nach dieser relationalen Identität scheint die Sicht der Kinder lokaler zu werden (indem sie die Stadt in den Mittelpunkt rücken) und in einer scheinbar distanzierenden Aktion zugleich weniger lokal. In diesen Passagen wird die Stadt fast durchscheinend, zeitweilig scheinen die Kinder sie aus den Augen zu verlieren. Sie machen einen Unterschied zwischen natürlichen und künstlichen Wohnorten, zwischen dem natürlichen und dem künstlichen Zustand: Die Stadt ist eine künstliche Umwelt, im Gegensatz zur natürlichen. Die Stadt ist nicht geboren, sondern gebaut worden. Sie stirbt nicht, aber sie kann zerstört werden. Ihr natürlicher Zustand stimmt nicht mehr mit dem Land überein, das in der Gegenüberstellung, die die Soziologie nutzt, um die urbane von der nicht-urbanen Umwelt zu unterscheiden, den Gegenpol repräsentiert. Früher konnte man eine ganz andere Art von Ort finden, wenn man nur eine kurze Strecke aus Reggio herausfuhr, aber heute ist das nicht mehr so. Man denke nur an die Via Emilia, auf der es fast keine Zwischenräume zwischen einer Stadt und der nächsten mehr gibt.

Praktisch scheint der Gegensatz von Stadt und Land für die Kinder ohnehin an Bedeutung verloren zu haben, da die Expansion der Stadt (im Sinne ihres gebauten Aspekts) diesen Gegensatz abgeschwächt und die Schauplätze einander angeglichen hat: ***„Da sind Männer, die Bauern sind, die dicht bei einem Haus leben. So sehen sie jedenfalls ein bisschen was von der Stadt.“***

Da der Widerspruch nicht so groß ist, führen die Kinder andere Umgebungen an. Sie führen entferntere Vergleiche an, und zeitweilig entsteht der Eindruck, als müssten sie einen großen Abstand riskieren. In Vergleichen mit anderen Wohnorten, auf Situationen zurückgehend, die sie selbst erlebt haben, oder auf indirekte Information, charakterisieren die Kinder die Nicht-Stadt. Die Stadt ist nicht: ein Wald, ein Berg, eine Wüste, ein Dschungel, ein Dorf: ***„In einer Stadt sind keine Tiere, dort leben Menschen. Kängurus leben in Afrika. Der Dschungel ist ein Ort voller Bäume, in dem die Tiere leben.“***

Dieses Spiel mit Beziehungen führt immer zum Identifizieren von Unterscheidungsmerkmalen. Sie machen die Stadt zu einer domestizierten Umwelt, die eine Synthese aus Natürlichem und Artifiziellem ist, sind stark delokalisiert und dezentralisiert. Es folgt der Versuch einer synthetischen und provisorischen Beschreibung der Stadt: ***„Die Stadt ist ein Ding, wo du Häuser bauen kannst. Da sind Katzen, Hunde, Frösche ... und Mäuse, Ameisen, die Fische in den Springbrunnen. Auf dem Land gibt es Schweine, Kühe und Bauern.“***

„In der Stadt gibt es nur Menschen. Aber die Tiere in der Stadt, da ist nur eine Katze und ein Hund, und das ist alles. Dann gibt es in der Stadt wenigstens ein kleines Stück Gras und ein paar Bäume, die nicht stachlig sind.“

Die Besonderheit der Stadt wird – durch kontinuierliches Wieder-Lesen derselben Gespräche, so dass wir die Prozesse erkennen, die die Kinder nutzen, um sich zu konzentrieren – zunehmend deutlich. Durch den Austausch von Ideen und Standpunkten finden die Kinder nach und nach Definitionen der Stadt, die weniger allgemein, weniger abstrakt und weniger verdichtet sind. Man könnte sagen, dass die Stadt entzifferbar ist, aber nicht reduzierbar.

Die Idee, dass die Stadt nicht auf ein präzises und aus sich selbst heraus treffend definiertes Objekt reduziert werden kann, wird klarer, wenn das Thema „Grenzen“ in Angriff genommen wird.

Kontinuierliche Städte

Die physische Grenze als räumliches Kriterium des Topologen zur Ab- und Begrenzung, die typisch für alte Städte ist, scheint fast verschwunden zu sein.

Es scheint, dass die Stadt ein Kontinuum von Städten ist, in dem eine der anderen folgt. Es ist, als ob die einzelne Stadt keinen eigenen, präzise definierten und begrenzten Ort, keine individuelle räumliche und hierarchische Verkörperung hat: ***„Eine Stadt beginnt, wo eine andere Stadt endet. Dann beginnt eine andere, und dann, wo diese endet, beginnt wieder eine andere."***

Die Stadt ist nicht nur ein Kontinuum von Städten, sondern es ist die Grundidee der Stadt selbst, die sich ins Unendliche auszudehnen scheint, so dass ihre Dimension nicht nur als Größe (groß, riesig, viele davon...) verstanden werden kann, sondern auch als abgeschwächte und verdünnte Expansion (im horizontalen Sinn), als etwas nicht Greifbares. Es ist, als ob die Stadt sich selbst vervielfältigen würde, außen wie innen: Es gibt viele Städte in der Stadt.

Die physische Existenz der Stadt wird nicht nur von äußeren Zeichen repräsentiert (urbanen Elementen), sondern auch von Bezügen zu bedeutsamen Erfahrungen. Konsequenterweise ist die Stadt auch ein biografisches Objekt: ***„Die Stadt beginnt da, wo sie endet: Wenn du hineingehst, beginnt sie, und wenn du sie verlässt, endet sie."***

Die Stadt: ein autobiografisches Objekt

Die Sprache, die sie benutzen, ist eng mit den Aktionen verbunden, die Kinder unternehmen. Es scheint, als müssten die Kinder sich auf Räume beziehen, die – da sie für die Kinder bedeutsame Beziehungen repräsentieren – zu Orten werden, an denen sie bestimmte Erfahrungen durchlebten und Zeichen hinterlassen konnten.

Wieder wird die Stadt mittels partieller Bilder erzählt, die autobiografisch sind und mit bedeutungsvollen Orten – zum Beispiel „Stadt-Markt" und „Stadt-Land" – ebenso korrespondieren wie mit dem wiederkehrenden Gebrauch des Ausdrucks: „meine Stadt".

„Aber auf dem Stadt-Land sind einige Löwen. Meine Mama stellte mich einmal oben auf eine Löwenfigur." „Aber der Stadt-Markt verkauft massenhaft Hemden und auch Süßigkeiten. Und dann verkauft er Doughnuts und Nudeln und noch bessere Süßigkeiten!"

Die Stadt der Information

Nicht nur die eigenen Erfahrungen und deren gedankliche Weiterentwicklung finden Eingang in die Worte der Kinder, sondern auch fremde Informationen in Form von Bildern, die aus den Massenmedien und aus Gesprächen Erwachsener stammen. Dadurch entsteht ein anderer Schwerpunkt: die Stadt der Information.

Es ist interessant, dass dieselben Bilder in verschiedenen Gesprächen und bei verschiedenen Kindern erneut auftauchen. Wir stellten das besonders in Bezug auf die Frage nach der Form und den Ursprüngen der Stadt fest. Dabei kamen verschiedene interessante Theorien zutage, die es verdienen, genauer betrachtet zu werden. Erwähnt werden der Krieg, Dinosaurier, das Mittelalter, Star Wars, die Mondlandung: ***„Immerhin gab es im Mittelalter Städte: Es gab Parma, es gab Reggio, und dann gab es da Hütten, die waren arm." „Als es Kriege gab, waren keine Städte da, denn sonst hätten sie sie zerstört: Es gab nur die Welten des Krieges." „Wir leben auf einem Stern. Vor langer Zeit war die Erde ein Stern, und später ist sie verloschen, ganz langsam."***

Die Bilder der Stadt, die die Kinder formulieren, werden durch die Medien verwandelt und sind so stark codiert, dass viele Kinder aus derselben Quelle der Imagination zehren. Die Stadt wird zur Möglichkeit, Kosmogonien zu entwickeln, die ganz klar nicht aus direkten Erfahrungen stammen: ***„In den Himmel! Oben im Himmel sah ich ein kleines Haus, zu dem jemand hochging, hoch in den Himmel. Und dann ging er den ganzen Weg bis hinauf ins Universum, das heißt, zu den Planeten... Das***

heißt... Das Universum ist der Weltraum, und so ging er hoch in den Weltraum, dann legte er eine Fahne hin und flog weg.“ „Nein, oben ist der Weltraum, es ist noch dunkel. Oben über der Stadt ist der Himmel und in der Mitte... Eins ist der Himmel, zwei ist der Weltraum, und drei ist das Universum.“
Dies sind verschiedene Bilder, die uns anregten, darüber zu reflektieren, wie und in welchem Ausmaß die Medien, besonders Fernsehen und Computer, die Art unserer visuellen Wahrnehmung und die Sprache, die wir benutzen, um sie auszudrücken, verändert haben könnten.

Die Natürlichkeit der Stadt

Städte sind von Menschen gebaut. Wo man auch lebt – eine Besonderheit der Stadt ist, dass sie der ideale Ort für die Selbstverwirklichung des Individuums zu sein scheint. In gewisser Hinsicht ist die Stadt der natürliche Wohnort des Menschen, denn sie erfüllt die natürlichsten und elementarsten Notwendigkeiten menschlichen Überlebens: die Suche nach Obdach, Nahrung, Schlaf und Bewegung.
Andere Orte repräsentieren unterschiedliche Lebensformen, weniger passend, fremder für den Menschen, weniger beruhigend und weniger beschützend: ***„Denn sonst – wo würden die Leute hingehen und leben? Und wie würden sie das schaffen? Und wie würden sie es dann hinkriegen, Babys zu machen?“ „Man braucht die Stadt, um ein Obdach zu haben, geschützt vor allem, was geschieht.“ „Und weil sie sehr wichtig sind, entschied der Chef der Welt das! Wenn sie sie nicht gebaut hätten, würden wir nicht leben. Wenn die Städte nicht geboren worden wären, würden auch keine Babys geboren werden, und auch Mamas würden nicht geboren werden! Alles würde leer sein, überall würde Wasser sein.“***
Die Tatsache, dass die Stadt unentbehrlich und notwendig ist, hängt auch mit den spezielleren menschlichen Bedürfnissen nach Kontakt mit anderen Menschen, nach Kommunikation, ästhetischem Genuss und Spielfreude zusammen.

Es gibt kein anti-urbanes Gefühl in den Worten der Kinder, sie können sich nichts vorstellen, das sie an der Stadt nicht mögen oder das anders sein müsste: ***„Du brauchst sie, denn wenn da eine Person ist, zu der du ‚Hallo‘ sagen willst, machst du das... Du kannst ‚Hallo‘ zu einem anderen sagen...“ „Du kannst in der Stadt heiraten, denn da sind viele Kirchen. Die Leute treffen sich in der Stadt. Es gibt Verabredungen von Liebespaaren, Treffen mit Freunden. Auf dem Land arbeitest du, und das ist alles. Und dann gibt es auch noch Mücken.“***

Reggio Emilia: Porträt einer Stadt

Geht es um Reggio Emilia, bekommt man den paradoxen Eindruck, dass die Stadt aus dem Blickfeld gerät. Tatsächlich ist dieser scheinbare Verlust dem Wechsel der Ebene – der Art, wie die Kinder auf die Stadt sehen – und dem Wechsel der Sprache geschuldet, die sie verwenden. An die zweite Stelle rücken die Stadt als urbane Landschaft und eine Wahrnehmung, die figurativ und schildernd ist. Die Kinder konzentrieren sich auf sich selbst, auf ihre Aktionen und Beziehungen. Auch von den Fragen, die sich bewusst auf das persönliche Leben und die Erfahrungen der Kinder konzentrieren, werden sie in diese Richtung gelenkt. Allgemein kann man sagen, dass die Kinder die Leistung der Stadt hervorheben, eine komfortable Lebensumwelt und Zufriedenheit zu bieten. Der Gegenstand ihrer Gespräche ist nicht allein Reggio Emilia, sondern vielmehr ihr Leben an dem Ort, den sie bewohnen. Der Wechsel der Ebenen besteht im Aufnehmen einer eher autobiografischen Perspektive und einer Art von Sprache, die wir schon im ersten Teil der Studie beschrieben hatten. Der Abstand zwischen den Kindern und der Stadt scheint kleiner zu werden. Es ist, als würde eine Art Verschmelzung zwischen ihnen stattfinden.
Schon bei der ersten Frage, die versucht, eine Definition der Bezugsgrößen hervorzulocken, ist die Art interessant, in der die Kinder den Namen der Stadt benutzen. Zuallererst ist Reggio Emilia ein Name, der die Stadt eindeutig bezeichnet. Oft verwenden die Kinder ihn aber auch, um verschiedene und partielle Orte zu

kennzeichnen: die Nachbarschaft, eine Straße oder ein Haus. Unserer Ansicht nach geschieht das weniger, weil die Kinder nicht wissen, wie sie die Stadt, in der sie leben, erkennen und benennen sollen, sondern weil sie dem Wort mehr als einen Sinn beimessen. An einem Ort zu leben, das heißt für die Kinder, ihn als die eigene Straße oder das eigene Heim zu lokalisieren, als ein Gebiet, das dafür relevant ist, wo man lebt.

Zu sagen, Reggio Emilia ist dein Haus, mag aus geografischer Sicht nicht korrekt sein, wohl aber aus ontologischer (existentieller) Sicht, denn das Haus kann in gewissem Maße als Gründungsort der Stadt angesehen werden.

Grenze, Form und Größe werden in Kategorien der autobiografischen Themen behandelt. Die Kinder mögen die Größe der Stadt nicht beherrschen, aber sie fühlen sie und sind sich ihrer bewusst. Tatsächlich schaffen sie es, in einem Akt der Vorstellung mit der Größe umzugehen. Größe wird von individuellen Erfahrungen abgeleitet, die intensiv und vielfältig umschrieben werden. Die Deduktion wird von der Stärke all dessen abgeleitet, was man über die Stadt nicht weiß. Die Dimension des Wissens/Nichtwissens bringt uns zurück zum Thema der Nichtreduzierbarkeit, das wir schon besprochen hatten.

Kinder wenden ihre Aufmerksamkeit der alltäglichen Welt und ihren praktischen Aktionen zu, von denen einige gewöhnlich und einige außerordentlich sind. Normale Alltagsaktivitäten werden zu Recht als Phänomene ausgewählt, um die Natürlichkeit der Stadt zu bestätigen.

In Reggio Emilia kann man: einkaufen (hingewiesen wird auf Lebensmittel, Kleidung und Spielzeug), schlafen, sich ausruhen, spazieren gehen, spielen, Spaß haben, jemanden sehen, Leute treffen. Dieser ganze Strom des Lebens wird kraftvoll in der Antwort zusammengefasst, die ein kleines Mädchen auf die Frage „Was tut ihr in Reggio Emilia?" gab: „Wir leben."

Die Aktion des Subjekts steht im Zentrum der Dinge, und nur das Sein – oder ihr „Sein" – in der Stadt ist es, worüber gesprochen werden kann. Bertolt Brecht bediente sich dieser autobiografischen Perspektive, als er schrieb: „In der Stadt Niji trank ich, in der Stadt Ko redete ich, in der Stadt Len schlug ich die Zeit tot. So habe ich dir meine Beschreibung dieser Städte gegeben."

Brechts Version erscheint uns wichtig, weil sie – obgleich bewusst provozierend – im Kontrast zu all jenen eingeschränkten Interpretationen steht, die der Autobiografie einen niedrigeren Rang zuweisen, sie als eine egozentrische, wenig entwickelte oder von einem symbolisch-repräsentativen Standpunkt aus strukturierte Herangehensweise sehen und sie als Beweis dafür anführen, dass Kinder im Vorschulalter die Umwelt nur in geringem Maße beherrschen.

Wir wollen das Thema „Natürlichkeit" und die Meinungen der Kinder zu Reggio Emilia mit zwei Gedanken beschließen, die ihr Wohlbefinden in der eigenen Stadt ausdrücken, in einer Stadt, die wichtige und entscheidend Vorzüge für diejenigen bietet, die dort leben:

„Würdest du gern etwas anderes in Reggio Emilia machen?"

„Ich möchte das machen, was ich mache... Es ist okay so, wie es ist."

„Da ist nichts falsch dran, denn die Stadt ist geboren worden."

Es gibt eine Unmenge Städte.

Publikationen

NEU im verlag das netz:

Philosophie und Praxis aus den „schönsten Kindergärten der Welt" (Newsweek)

IN VORBEREITUNG:
In Ideen stöbern: Das Wunder des Lernens
Die hundert Sprachen der Kinder
Eine Sammlung wunderbarer Ideen, Mikrogeschichten, Gedanken und Theorien der Kinder in den ersten sechs Lebensjahren.
23 großformatige Ideenblätter dokumentieren in einer narrativen und symbolhaften Verbindung den Weg der Projekte. Sie zeigen zugleich neue Konzepte, die ein riesiges Bildungspotential generieren und zu neuen Ideen inspirieren.

Reggio Children. Ein Projekt von Tiziana Filippini und Vea Vecchi.
Mappe mit 23 Ideenblättern im Format A3, mit vielen Fotos und Zeichnungen
ISBN 978-3-86892-071-0
ca. Euro 20,00

IN VORBEREITUNG:
Lernen sichtbar machen
Wie Kinder individuell und in Gruppen lernen
Mit Beiträgen, u.a. von Howard Gardner, Carlina Rinaldi, Tiziana Filippini, Giovanni Piazza, Vea Vecchi
Projekt Zero der Harvard Universität, Cambridge und Reggio Children, Reggio/Emilia
368 Seiten, mit vielen Fotos und Zeichnungen
ISBN 978-3-937785-53-0
ca. Euro 35,00
„Wer sich ein paar Tage in einigen der Kinderkrippen und Kindergärten in Reggio Emilia umsieht, der gewinnt völlig neue Vorstellungen davon, was eine Krippe, ein Kindergarten sein kann und wozu Kinder imstande sind, wenn man ihre Kräfte gezielt und umfassend anregt. ... Die Reggianer selbst beschreiben ihre Arbeit gern als ‚Pingpongspiel'. Sie fangen die Bälle auf, die ihnen die Kinder zuwerfen und werfen sie wieder zurück, wobei sie häufig eine andere Flugbahn wählen und manchmal auch den Ball wechseln. Dieses pädagogische Ballspiel ist kein planloses Hin und Her, sondern eine aufwendige Kombination aus Beobachtung, Analyse und wohl überlegter Intervention...
Das Kind, so sagen die Reggianer, ist stark, reich, mächtig und kompetent. Was kann Erziehung anderes sein als die Kunst, diesen Reichtum und diese Stärke zu bewahren und zu fördern?"
Johanna Romberg, „GEO"

Bezug:
Verlag das netz, Nummer 51, 99441 Kiliansroda/Weimar,
Fax: 0049 36453 71412,
E-Mail: bestellservice@verlagdasnetz.de, Internet: www.verlagdasnetz.de

Aktuelle Infos zu allen Neuerscheinungen in italienischer und englischer Sprache, zu Philosophie und Praxis, zu Ausstellungen und Studienreisen finden Sie unter www.reggiochildren.it